Sylvie Goulard

L'EUROPE ENFLA SI BIEN QU'ELLE CREVA

TALLANDIER
ESSAIS

Conseillère éditoriale : Sophie Berlin

Avertissement
Ce livre est écrit à titre personnel.
Il n'engage aucune institution pour laquelle son auteur a travaillé ou avec laquelle elle a actuellement des liens.

48, rue du Faubourg-Montmartre – 75009 Paris
www.tallandier.com

Introduction

Nous vivons des temps troublés, marqués par le retour de la guerre en Europe et au Levant. Le monde que nous avons connu se fracture. La Russie, l'Iran, l'Arabie saoudite, mais aussi la Chine, l'Inde, le Brésil et d'autres pays émergents remettent en cause les cadres de coopération façonnés depuis 1945. Les valeurs de l'Occident sont contestées à l'extérieur comme elles sont minées, à l'intérieur, par la montée des extrêmes. Si, aux États-Unis, Donald Trump venait à être réélu en 2024, l'Alliance atlantique pourrait bien se trouver en péril, avec de graves conséquences pour notre sécurité. Il ne s'agit pas d'une crise passagère mais d'une transformation profonde. S'y ajoutent le dérèglement du climat et la dégradation de la nature, plus rapides que prévu, qui touchent à la survie du vivant[1].

Face à de tels défis, on s'attendrait à ce que les dirigeants européens travaillent à *consolider* l'UE. Leur principale initiative à ce jour consiste au contraire à l'*étendre*, sans dessein d'ensemble. Les 14 et 15 décembre 2023, les chefs d'État et de gouvernement ont en effet ouvert la porte de l'UE à l'Ukraine, à la Moldavie et à la Géorgie ainsi qu'aux Balkans occidentaux (Albanie, Bosnie-Herzégovine, Kosovo, Macédoine du Nord, Monténégro et Serbie). La carte présentée à la fin de cette introduction (p. 22-23) permet de mesurer l'ampleur de la transformation envisagée.

Si les dirigeants européens affichent leur volonté de mener « en parallèle[2] » les négociations d'adhésion et « les nécessaires réformes de l'UE », pour l'instant, la concomitance ne saute pas aux yeux : la décision d'accueillir de nouveaux membres a été prise ; les réformes viendront plus tard[3]. Aucun plan d'ensemble n'accompagne la décision de principe, alors que près de deux ans se sont écoulés depuis l'invasion de l'Ukraine et sa demande d'adhésion à l'UE. La Commission européenne a émis un avis favorable à l'élargissement après avoir évalué les pays candidats, sans donner sa vision de ce que serait l'UE réformée[4]. Aucun mécanisme n'a été introduit pour conditionner l'élargissement au succès du processus de réformes. Même la France et l'Allemagne abordent cette nouvelle étape de la construction européenne sans vision partagée[5].

Les négociations d'adhésion s'étalant sur des années, les gouvernements considèrent qu'ils ont le temps de s'atteler aux réformes internes de l'UE. Mais celles-ci aussi peuvent être longues et laborieuses. En outre, il sera plus difficile d'opposer en fin de parcours des exigences nouvelles à des pays éprouvés, auxquels il aura été dit et répété qu'ils font « partie de la famille européenne ».

Les conclusions du Conseil européen[6] relatives aux « réformes » ne sont pas rassurantes tant elles sont vagues : « À mesure que l'Union s'élargit, la réussite de l'intégration européenne exige que les politiques de l'Union soient adaptées à l'avenir et financées de manière durable, sur la base des valeurs sur lesquelles l'Union est fondée, et que les institutions de l'UE continuent à fonctionner de manière efficace. » Politiques, valeurs, financement : voilà un chantier monumental, j'aurai l'occasion d'y revenir. Et comment les dirigeants peuvent-ils sérieusement fixer pour objectif que « les institutions de l'UE continuent à fonctionner de manière efficace » quand, pour obtenir l'abstention du Premier ministre Viktor Orbán, la Commission a dû débloquer dix milliards d'euros de fonds destinés à la Hongrie, retenus pour violation des valeurs fondamentales de l'UE ? La décision d'élargir l'Union a débuté par ce qu'il faut bien appeler, hélas, une extorsion de fonds, au détriment de l'État de droit.

Je me demande vraiment pourquoi les gouvernements et la Commission ont cru devoir céder au chantage. En 1985, lors d'un Conseil européen qui s'était tenu à Milan, la Première ministre britannique, Margaret Thatcher, s'opposait au lancement des négociations sur le marché unique qui ont ensuite abouti à l'Acte unique européen. Malgré l'exigence d'unanimité, la présidence italienne mit alors la décision au vote et, forte d'une large majorité, annonça que les négociations commenceraient, passant outre l'obstruction. Un précédent existait donc pour isoler Viktor Orbán. Faut-il rappeler qu'il se flatte d'être proche de Vladimir Poutine ? Enfin, durant cette même réunion de décembre 2023, le Conseil européen n'a pas réussi à se mettre d'accord sur le cadre financier pluriannuel de l'UE à vingt-sept. Le besoin de réformes est déjà criant.

Le chantier a-t-il au moins été lancé au niveau ministériel ? Dans les conclusions qu'ils ont adoptées à la veille du Conseil européen, les ministres des Affaires étrangères se sont contentés de promesses lénifiantes[7]. « Nous fixerons nos ambitions à long terme ainsi que les moyens de les atteindre. Nous nous pencherons sur les grandes questions liées à nos priorités et politiques ainsi que sur notre capacité à agir. L'UE en sortira plus solide et la souveraineté européenne renforcée. » Nous voilà bien avancés. Le vocabulaire employé dans tous les documents officiels est d'ailleurs très révélateur : lors des élargissements précédents de l'UE, l'accent était mis sur les moyens d'approfondir la construction européenne. Le mot a été troqué contre celui de *réforme*, moins engageant. L'UE pourrait fort bien être réformée en coupant dans les budgets, en réduisant les politiques et les ambitions, en démontant l'ordre juridique européen.

La fuite en avant a des airs de déjà-vu. Nous voilà ramenés en 2004, quand le Conseil européen décida d'ouvrir des négociations d'adhésion avec la Turquie. Déjà, l'UE se voulait « géopolitique » sans s'en donner les moyens ; déjà, l'ambition était généreuse et stratégique. Nous allions porter la stabilité et nos valeurs jusqu'aux confins de l'Irak. Dans un essai intitulé *Le Grand Turc et la République de Venise*[8], j'alertais sur les risques d'une entreprise mal engagée, et notamment l'erreur consistant à placer la diplomatie avant la démocratie. Quant aux transformations requises, elles étaient minimisées, comme aujourd'hui. Chacun sait ce qu'il est advenu : les dirigeants européens de l'époque ont présumé de leurs forces. Le processus s'est enlisé, non sans avoir nourri des rancœurs.

Aussi stupéfiant que cela puisse paraître, le flou règne aujourd'hui sur le nombre d'États que nos dirigeants envisagent de faire entrer dans l'UE : l'objectif est-il l'UE à trente-cinq (avec ceux que je viens d'énumérer) ou… à trente-six, avec la Turquie ? Les chefs d'État et de gouvernement ne mentionnent pas ce pays. Ils se tirent d'embarras par une pirouette, le Conseil européen « fai[san]t siennes les conclusions » précitées des ministres des Affaires étrangères. Il suffit toutefois de s'y reporter pour découvrir que, comme dans la communication de la Commission du 8 novembre 2023, la Turquie figure bel et bien dans la liste. L'analyse de la Commission sur la situation dans ce pays est certes sévère ; les négociations avec Ankara sont « au point mort », mais elles n'ont jamais été arrêtées[9]. Et le président Erdoğan, comme son ministre des Affaires étrangères, prennent un malin plaisir à le rappeler de temps à autre[10]. L'incertitude porte – faut-il le rappeler ? – sur un pays de quatre-vingt-dix millions d'habitants, héritier de l'Empire ottoman. Une bagatelle.

Dans ces conditions d'impréparation, l'« Europe XXL » est une illusion. Les objectifs mis en avant – soutenir l'Ukraine et endiguer la Russie – sont justes. Les Européens s'honorent à être aux côtés de peuples agressés ou menacés dans leur liberté. Et il ne fait aucun doute qu'un régime russe belliqueux, affranchi du droit international, rompu à la désinformation, représente un danger majeur. Cependant, la gravité des périls invite à arrimer les nouveaux membres à une Union solide. Face à Vladimir Poutine, déterminé à réduire l'Ukraine en cendres et à abattre tout ce que l'UE représente, la légèreté n'est pas de mise.

En soutenant – sans se donner les moyens de la renforcer – qu'« on ne peut pas faire autrement » qu'ouvrir les portes de l'Union, les membres du Conseil européen laissent entendre que leur choix est contraint. S'ils aspirent à la « souveraineté », les Européens doivent rester maîtres de leur destin. C'est encore plus vrai dans une approche qui se veut « géopolitique ». Sans doute les pressions extérieures, sur lesquelles je reviendrai, expliquent-elles en partie cette attitude.

En outre, les chefs d'État et de gouvernement des Vingt-Sept font comme si l'aboutissement des réformes internes ne dépendaient pas d'eux, de leur engagement – en un mot, de leur *leadership*. Dans les documents officiels, la Commission et les États membres insistent sur le fait que chacun des pays candidats sera jugé, tout au long du processus de négociation, « selon ses mérites ». En revanche, pas de trace d'un suivi des « mérites » des gouvernements des États membres actuels, censés assurer que l'UE élargie conserve sa cohérence et sa capacité d'action. À quoi sont-ils prêts, dans l'intérêt européen, pour faire vivre le « parallélisme » annoncé ? À des partages de souveraineté, des contributions financières, des engagements sérieux en matière militaire ? La Commission (ou le Parlement européen, qui est le seul à ce jour à avoir appelé à la révision des traités, avec un projet cohérent[11]) pourrait assurer ce suivi. À défaut, les Vingt-Sept et la Commission continueraient, comme dans l'Évangile, à chercher la paille dans l'œil des candidats sans voir la poutre dans leurs propres yeux…

Les dirigeants européens réduisent le choix à une alternative : l'élargissement ou le chaos. En réalité, d'autres scénarios sont possibles, notamment celui où l'UE, étirée à l'extrême, empêtrée dans ses divergences, s'avérerait incapable d'assurer la stabilité du continent. Nous aurions alors l'élargissement *et* le chaos ; ce serait un cadeau à Vladimir Poutine. Parfois, en aparté, un autre scénario est évoqué : le chantier est trop irréaliste pour aboutir ; ouvrir les négociations ne signifie pas qu'elles seront conclues. Cette manière d'abuser les candidats – et de se raconter des histoires – serait à la fois cynique et dangereuse pour la crédibilité collective de l'UE.

La polarisation sur l'Ukraine et les Balkans escamote la complexité des enjeux de sécurité actuels : au Proche-Orient, en Méditerranée (vu l'importance de l'Afrique, à nos portes), en Asie (avec un impact sur nos économies), dans la relation avec les États-Unis. Dans ce contexte, le projet d'élargissement tel qu'il est engagé n'est qu'un leurre, un moyen de se donner bonne conscience et de se rassurer à peu de frais. Le temps est venu de se poser des questions bien plus fondamentales sur ce qu'est l'Union et ce qu'elle devrait devenir – j'y reviendrai. Depuis trop longtemps, des décisions majeures ont été retardées, notamment la mise en commun des moyens diplomatiques et de défense.

Nous aurions besoin à la fois de plus d'ambition et de plus d'humilité. Ainsi, sommes-nous si sûrs de pouvoir apporter la paix *de l'extérieur* ? Historiquement, la Communauté européenne a bien été créée dans ce but, mais les Français et les Allemands étaient engagés *ensemble,* après la capitulation du Reich nazi. Dans le cas de l'Ukraine, la Russie reste jusqu'à nouvel ordre une puissance occupante. La guerre peut être longue, la réconciliation n'est pas en vue, même si chacun souhaite qu'elle advienne un jour. L'exemple de l'île de Chypre, en partie occupée par la Turquie, montre que son adhésion à l'UE n'a pas suffi à régler tous les conflits. Quant aux Balkans, plus de trente ans après la dislocation de la Yougoslavie, des revendications nationalistes persistent (par exemple entre la Serbie et le Kosovo) que nos dirigeants auraient tort de sous-estimer. Nous pourrions importer l'instabilité dans l'UE au lieu d'exporter la stabilité.

Enfin, n'y a-t-il pas quelque arrogance à proposer d'étendre à l'infini le modèle de coopération original, conçu pour un petit nombre de pays et dont la finalité semble avoir été oubliée ? Il ne s'agit pas d'accabler l'UE. Ces dernières années, elle a été capable d'agir, dans la crise sanitaire par exemple, en fournissant des vaccins et en amortissant le choc pour les entreprises et l'emploi. Elle a aussi adopté un agenda ambitieux pour la transition climatique, elle s'est efforcée d'encadrer les géants du numérique contre la désinformation et l'exploitation de la main d'œuvre. Mais elle montre clairement ses limites.

Qu'élargissons-nous, si j'ose dire ? Une *Europe-communauté* qui reconnaît des droits aux citoyens, défend des valeurs, organise la solidarité par-delà les frontières, et qui a vocation à être dotée de moyens diplomatiques et militaires propres, comme elle s'est dotée d'une monnaie ? Ou bien une *Europe-marché* utile aux entreprises, plus commerciale que politique, aux ambitions limitées ? Ou encore une *Europe-mirage* dont nous nous contentons souvent désormais, faite d'égoïsmes nationaux juxtaposés, dépourvue de budget propre, entravée par le veto et la pusillanimité, dont la politique étrangère, trente ans après Maastricht, reste à peine coordonnée, et la défense un empilement désordonné de moyens nationaux ? Je doute fort que cette Europe-là impressionne beaucoup Poutine ou Trump. En tout cas, ces choix ne sont pas neutres : ils commandent notre avenir.

Ayant passé des années au cœur de la « machine européenne », j'ai du respect pour ceux qui la font vivre. À l'intérieur, la recherche du compromis est cependant devenue si difficile que la moindre avancée paraît une montagne. Vu de l'extérieur, ce n'est qu'une souris. Nous nous enivrons de mots tandis que le projet patine. Les ambitions des générations précédentes ont été remisées au placard au moment où, plus que jamais, leur mise en œuvre serait nécessaire. Comment tolérons-nous d'avoir financé, depuis des années, des programmes d'aide à Gaza et d'assister, impuissants, au massacre perpétré par le Hamas comme aux représailles d'Israël qui frappent tant de civils ? Il n'y a pourtant pas de fatalité à cette insuffisance.

Être exigeant, mettre sur le même plan les deux objectifs – l'élargissement et la poursuite d'un projet européen ambitieux – n'est pas une manœuvre dilatoire, hostile aux Ukrainiens ou aux Moldaves : c'est la condition d'un succès durable. Quant à croire que la perspective d'élargissement obligera les gouvernements rétifs aux réformes à s'y résoudre, c'est commettre l'erreur des couples qui font un bébé parce que leur relation bat de l'aile…

Paradoxalement, ceux qui tiennent aujourd'hui le plus à l'UE ne se trouvent pas à l'intérieur. Les soldats ukrainiens, les manifestants géorgiens et moldaves sont prêts à mourir pour une certaine idée de l'Europe. Ils nous rappellent la valeur de la liberté, du droit, de la coopération. C'est admirable. Mais nous ? Avons-nous seulement conscience d'avoir été, depuis 1950, les enfants gâtés de l'Histoire ? Loin d'être prêts à nous sacrifier pour l'Europe, nous la considérons comme un dû, un acquis, une évidence. Pendant que des combattants perdent la vie au Donbass, nous continuons à « pilonner » Bruxelles. Au passage des palombes, au premier vrombissement de moto ou de tracteur, les responsables politiques jettent le droit européen aux orties. Nous profitons de la paix, de la liberté de mouvement, des politiques communes, mais n'avons pas de mots assez durs contre la Commission européenne et ses « bureaucrates », pourtant moins nombreux – pour près de 400 millions d'Européens – que les fonctionnaires de la ville de Paris… Nous voulons les avantages sans les contraintes. Nous ne chérissons pas l'Europe comme la prunelle de nos yeux. Et même pis : tout en invoquant en permanence ses valeurs, nos dirigeants la traînent dans la boue, en déléguant à des régimes autoritaires la gestion de millions de réfugiés syriens et, depuis peu, le refoulement de migrants africains dans le désert[12]. L'UE est imparfaite, c'est vrai, mais elle n'est jamais que ce que les gouvernements et les Européens en font. Dans un monde où la coopération multilatérale se défait et où, sous les coups du tribalisme nationaliste, ethnique ou religieux, le respect du droit vacille, sa valeur est inestimable. C'est pourquoi elle ne doit pas être bradée.

*

Quoi qu'on pense de la décision d'extension de l'UE de décembre 2023, je me demande comment nos dirigeants en arrivent à faire de telles promesses sans impliquer les Européens, ni susciter un débat. Dans les chancelleries diplomatiques, quelqu'un s'est-il préoccupé de savoir ce qu'ils pensent ? Malgré les innombrables discours qui tendent à faire prendre des vessies pour des lanternes, toutes les formes d'Europe ne se valent pas. Et *in fine,* il faudra bien ratifier les traités d'adhésion. En France comme dans quelques États membres, il est probable que ce soit par référendum[13]. Le processus de réformes devrait lui aussi entraîner une délicate révision des traités ; sauf à courir au désastre, comme lors du référendum de 2005 sur le traité constitutionnel, les décideurs devraient en tenir compte en amont. Or c'est exactement le contraire qui se passe : une fois de plus, les citoyens européens sont placés devant le fait accompli. Les dirigeants commandent, ils doivent suivre, et un jour, on leur demandera, directement ou *via* leurs représentants, de valider des promesses prises par-dessus leur tête. Au total, c'est la magnifique idée d'une

Europe formant une communauté humaine, volontaire, qui trinque. À rebours du projet de Jean Monnet[14], nos dirigeants coalisent les États sans unir les hommes ni les femmes.

Même si le sort des Ukrainiens émeut les habitants de l'UE, même si l'instabilité du voisinage de l'UE les préoccupe, il faudra les convaincre que ce nouvel élargissement est dans leur intérêt, qu'il a des chances de réussir, expliquer combien il va coûter et ce qu'il peut effectivement apporter. Quant aux Européens des pays candidats, ils ont des préoccupations vitales, ou du moins, du mal à imaginer en pratique le partage de souveraineté que requiert l'entrée dans l'Union.

Lors de l'élection européenne de 2024 au plus tard, un débat doit avoir lieu. Où sont les pro-Européens décidés à avancer ? Quel parti soutient quel projet d'élargissement ? Avec quelles réformes, et quels pays ? Derrière l'Ukraine et la Moldavie, menacés dans leur existence, pourquoi faut-il accepter d'autres États des Balkans ? Pour des raisons géopolitiques ou à la suite de marchandages au Conseil européen ? Et *quid* – encore et toujours – de la Turquie ?

Vingt ans après l'illusion turque, il serait temps de cesser de vendre l'idée que l'union fait la force sans s'occuper de faire l'Union.

L'Europe à 36

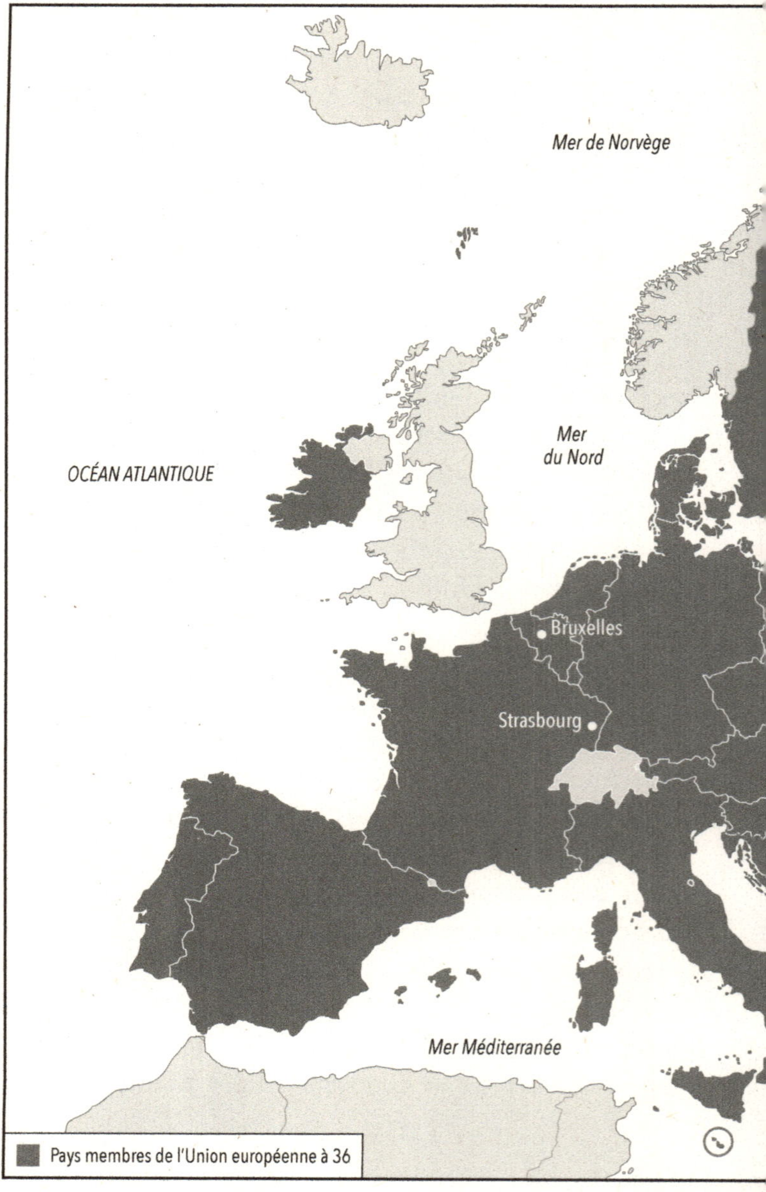

Mer de Norvège
Mer
du Nord
OCÉAN ATLANTIQUE
Bruxelles
Strasbourg
Mer Méditerranée
Pays membres de l'Union européenne à 36

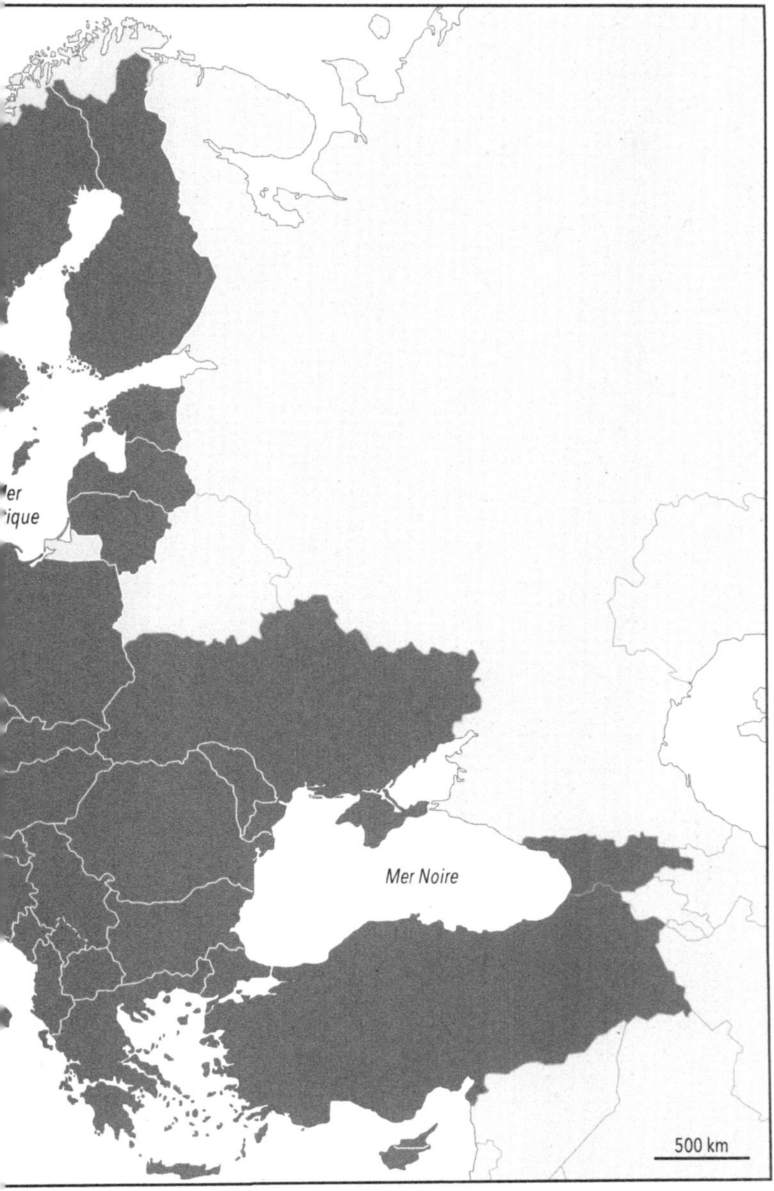

er
ique
Mer Noire
500 km

Un pari risqué

Le processus est lancé. L'horizon, c'est l'UE à trente-cinq ou trente-six États, qui est pour le moins un pari risqué. Pour comprendre les enjeux, un bref rappel juridique n'est sans doute pas inutile.

Les conditions d'entrée dans l'Union européenne

Selon les traités[1], « tout État européen qui respecte les valeurs [de l'UE] et s'engage à les promouvoir peut demander à devenir membre ». Ainsi l'adhésion à l'UE est-elle une possibilité ; ce n'est pas un droit. Il appartient aux autorités européennes et aux gouvernements de décider, de manière souveraine et réfléchie, d'accueillir de nouveaux membres. La procédure suppose une appréciation de la situation par le Conseil européen, à l'unanimité, à partir d'une analyse faite par la Commission européenne.

Le Parlement européen se prononce aussi et, dans la plupart des pays, les Parlements nationaux seront amenés à autoriser la ratification du traité d'adhésion (à moins que la Constitution nationale n'exige un référendum). Le contrôle démocratique est bien prévu, mais en fin de parcours, sur un paquet « à prendre ou à laisser », après que les gouvernements ont fait des promesses, à grandes sonneries de trompette. C'est rudimentaire.

Depuis un Conseil européen qui s'est tenu à Copenhague en 1993, des critères sont prévus pour encadrer l'entrée de nouveaux pays dans l'Union européenne. Ils sont au nombre de quatre. Trois d'entre eux s'appliquent aux pays candidats. Ils sont relatifs à la démocratie et l'État de droit, à l'économie et à la reprise des règles en vigueur dans l'UE[2]. S'ajoute un quatrième critère qui concerne celle-ci : « la capacité de l'Union à assimiler de nouveaux membres tout en maintenant l'élan de l'intégration ». Le Conseil européen ajoutait alors que cette capacité « constitue également un élément important répondant à l'intérêt général aussi bien de l'Union que des pays candidats ».

Malheureusement, les discours officiels ont tendance à escamoter l'exigence de « maintenir l'élan de l'intégration ». Ursula von der Leyen n'en a pas dit un mot dans sa conférence de presse du 8 novembre 2023[3], consacrée à l'élargissement. Déjà, la décision du Conseil européen des 23 et 24 juin 2022 qui affirmait solennellement que « l'avenir de ces pays [Ukraine, Moldavie, Géorgie] et de leurs citoyens réside au sein de l'Union européenne[4] » renvoyait surtout aux obligations des candidats, le rappel du quatrième critère venant sous une forme édulcorée ; bien loin d'être « un élément important », mis en valeur, une allusion sibylline y est faite : « La progression de chaque pays sur la voie de l'Union européenne dépendra de ses mérites propres pour ce qui est de se conformer aux critères de Copenhague, la capacité de l'UE à intégrer de nouveaux membres étant prise en considération[5]. »

Les efforts que l'UE et les États actuels doivent fournir de leur côté ont été minimisés, comme je l'ai rappelé en introduction. C'est navrant de la part de la Commission, dont la raison d'être est de préserver l'UE. C'est décevant aussi de la part des gouvernements, notamment ceux des pays fondateurs, qui s'accordent sur des ambitions réduites.

C'est un grand diplomate belge, Philippe de Schoutheete[6], représentant permanent de son pays auprès de l'Union, qui avait bataillé pour la mention expresse du quatrième critère, relatif à l'UE. Il écrivait en 1997 : « L'Europe ne saurait renoncer à s'élargir sans manquer à sa vocation, ni renoncer à s'approfondir sans perdre sa dynamique. » En effet, à ses yeux, « le modèle institutionnel adopté par les six membres fondateurs a été transposé, sans grandes modifications à quinze ; il donne des signes d'essoufflement et la question se pose de savoir s'il fonctionnerait avec vingt-cinq ou trente participants ». Pour avoir longuement échangé avec lui, je peux témoigner qu'il n'était pas plus hostile à l'élargissement que je ne le suis moi-même. Son souci était toutefois que « la cohérence et la diversité » aillent toujours de pair.

L'idée initiale, en 1993, était de veiller à ce que l'Union procède aux réformes indispensables avant d'accueillir de nouveaux membres.

Ce quatrième critère visait aussi à contrer le risque d'un élargissement destiné – sous couvert de générosité – à diluer l'Union. Longtemps, les Britanniques ont vu dans l'élargissement le moyen d'étendre le marché tout en freinant de futures avancées politiques. C'étaient ainsi les plus sceptiques qui manifestaient le plus d'ardeur à inviter de nouveaux membres.

Où se situent les dirigeants actuels ? Se souviennent-ils seulement de la dialectique entre *élargissement* (accueil de nouveaux membres) et *approfondissement* (réforme de l'Union pour maintenir l'élan de l'intégration) ? Même si elle a disparu des documents officiels et du débat public, elle demeure pertinente. Et pourtant, comme les étudiants avant les examens, les dirigeants actuels font une impasse ; tout en parlant de parallélisme, ils espèrent s'en tirer en « sautant » une partie du programme. Tout en insistant sur la dimension historique de l'exercice, ils taisent les efforts qui leur incombent ; à la rigueur, ils se bornent à mentionner la « capacité d'absorption », comme si l'UE n'était qu'une vulgaire éponge.

Envers des peuples victimes d'agressions (Ukraine, Géorgie), menacés dans leur existence (Moldavie) ou englués dans des conflits non résolus (Kosovo/Serbie), il ne s'agit pas de faire un geste, mais d'agir avec sérieux, dans la durée. Le président Zelensky a demandé l'adhésion à l'UE dès le 28 février 2022, quelques jours après l'invasion de son pays. Son appel à l'aide, au lendemain d'une telle agression, est parfaitement compréhensible, mais l'émotion ne doit pas empêcher de mesurer que, pour aider l'Ukraine et tant d'autres pays invités à rejoindre l'UE, nous allons devoir nous transformer. Mieux vaut être exigeant en amont plutôt que d'aller au-devant de terribles déconvenues au terme du processus. La rigueur, dans cette entreprise, est une marque de respect et non d'hostilité.

Enfin, je suis frappée que les dirigeants européens laissent entendre que l'Ukraine, la Moldavie, les Balkans seraient en quelque sorte abandonnés à leur sort, si l'adhésion à l'UE n'aboutissait pas. Trop rarement, ils rappellent que d'autres enceintes de coopération existent, notamment l'OSCE[7] ou surtout le Conseil de l'Europe qui a son siège en France, à Strasbourg, avec une mission de défense des droits humains confiée à la Cour européenne des droits de l'homme, une banque d'investissement, une assemblée parlementaire. Les pays concernés en sont tous membres. Cette organisation aurait pu être beaucoup plus mise en avant. Un tel geste aurait permis de défendre la Convention européenne des droits de l'homme dont certains politiques français de droite, animés par leur obsession migratoire, envisagent la dénonciation bien à la légère. Le président

Macron a également lancé en 2022 un nouveau forum de dialogue informel entre chefs d'État, la Communauté politique européenne, qui s'est réunie à Prague, à Chisinau et à Grenade pour coopérer avec des pays non membres de l'UE.

Les bonnes raisons d'accueillir de nouveaux pays

L'UE est un ensemble ouvert, coopératif. L'extension de l'État de droit, de la démocratie et d'un marché régulé a des effets bénéfiques, nous le savons d'expérience. S'agissant de l'Espagne et du Portugal, la réussite est telle que personne n'imagine aujourd'hui l'UE sans eux. De même pour les trois pays baltes, qui ont adhéré par conviction politique à la zone euro en pleine crise financière et sont toujours l'objet de la convoitise russe. Je pourrais citer de nombreux autres succès. Le prestige de l'adhésion motive les pays candidats tandis que les fonds, comme le soutien technique qu'apporte l'UE, facilitent (dans des pays candidats) les réformes nécessaires. Les anciens satellites de l'URSS en Europe centrale ont ainsi trouvé dans l'adhésion, après 2004 et 2007, le moyen d'accompagner leur société et leur appareil productif dans la sortie du communisme. L'adhésion permet d'apaiser certaines rivalités territoriales (comme entre la France et l'Allemagne, mais aussi l'Italie et l'Autriche) et certains conflits de minorités (entre la Roumanie et la Hongrie par exemple). Le retour des tensions entre l'Irlande et le Royaume-Uni, après le Brexit, nous l'a rappelé *a contrario*.

Il est déjà arrivé que l'extension de l'UE obéisse à des motifs stratégiques : après la chute du mur de Berlin, l'adhésion des pays d'Europe centrale et orientale avait déjà pour but d'éviter une zone d'instabilité entre la Russie et l'UE. C'est pourquoi la motivation géopolitique se conçoit aujourd'hui, mais encore faut-il être sûr que les promesses, porteuses d'espoir, seront suivies d'effet.

L'élargissement est aussi le moyen d'affirmer les valeurs européennes face à un Vladimir Poutine qui exècre l'UE et tout ce qu'elle incarne : la liberté, les droits fondamentaux, la non-discrimination. Nous pouvons être fiers que les Ukrainiens, les Moldaves et tous les peuples concernés voient dans l'UE un refuge contre l'agression, un cadre démocratique et une zone économique prospère. Quant aux Balkans, il s'agit aussi de les soustraire aux influences de la Russie, en tournant la page des guerres de la fin du siècle dernier.

L'entrée de ces huit (ou neuf) pays porterait la population de l'UE à environ 500 millions d'habitants en lui donnant une taille continentale (plus même si l'on inclut la Turquie, qui a déjà une population supérieure à l'Allemagne). L'entrée de l'Ukraine apporterait aussi à l'UE des combattants aguerris aussi bien que les extraordinaires ressources céréalières de ce pays[8]. La manière dont Vladimir Poutine utilise sans vergogne l'arme alimentaire montre sa valeur humanitaire et stratégique.

Si de bonnes raisons existent de faire entrer des pays dans l'UE, la décision doit être réfléchie, en pesant le pour et le contre. Or à Bruxelles, comme dans la plupart des capitales européennes, il est tabou d'évoquer certaines erreurs liées aux élargissements passés, comme d'exprimer la moindre interrogation tirée de l'expérience. Trop souvent, l'émotion remplace la raison, sans parler des slogans faciles dont la Commission est désormais friande[9].

Dire quoi que ce soit de négatif à propos de l'adhésion des pays d'Europe centrale et orientale, notamment, est très mal vu. Ayant travaillé à cet immense chantier, lorsque j'étais conseillère politique du président de la Commission Romano Prodi qui en avait fait une priorité, je voudrais néanmoins y revenir rapidement.

L'élargissement a permis le développement économique des pays concernés. C'est en grande partie leur mérite, car ils ont fait des efforts considérables, mais nous les avons aussi aidés. Leur décollage, à partir d'économies ruinées, est impressionnant. Mais pourquoi nier que tout ne s'est pas entièrement passé comme prévu ?

L'expérience enseigne par exemple que les sociétés des pays candidats subissent une adaptation extrêmement brutale, dont nous avions sous-estimé les conséquences. Personne n'imaginait alors que les peuples ayant souffert du communisme, avides de liberté, dirigés par des pro-Européens enthousiastes, se doteraient de gouvernements autoritaires, ultraconservateurs, empochant l'argent de l'UE tout en fustigeant ses valeurs. Nous admirions Lech Wałęsa et Bronisław Geremek, nous avons eu Jarosław Kaczyński. Et si la victoire récente de Donald Tusk marque un changement bienvenu, nous devrions nous garder de triompher : c'est l'Europe entière qui est gagnée par la tentation nationaliste, climatosceptique, xénophobe. Quant à Viktor Orbán, qui avait contribué en 1989 à l'ouverture du rideau de fer entre l'Autriche et la Hongrie, qui aurait pensé qu'il se transformerait en leader autocrate, prorusse et rétrograde ? Je ne crois pas que nous ayons tiré des leçons de cette expérience, en exigeant par exemple, avant l'arrivée de nouveaux membres, une réforme des outils permettant le contrôle de l'État de droit dans l'UE.

Les « anciens » ont leur part de responsabilité dans les difficultés de l'UE. Ils n'ont pas toujours été irréprochables, loin de là. Faut-il rappeler que, même dans l'Europe des Six, le général de Gaulle prenait les partenaires en otage, avec sa politique de la « chaise vide » ? Et que le moteur franco-allemand n'a plus porté de projets ambitieux depuis la monnaie unique ? Il ne s'agit donc pas d'avoir la nostalgie de la « petite Europe », mais de mesurer l'impact objectif du nombre et de l'hétérogénéité sur la cohésion et la capacité de décision.

Que l'UE se soit transformée au fil des décennies est, à bien des égards, une bonne chose. Mais si aujourd'hui, la Commission est pléthorique et chaque gouvernement cherche à piloter « son » commissaire, si le Conseil européen, souvent bloqué par des vetos, peine à décider, si l'UE n'a pas de ressources propres ni d'union des marchés de capitaux, c'est parce que l'« élan de l'intégration » n'a pas été assez maintenu. Chacun peut désormais se cacher derrière un groupe nombreux pour ne pas prendre ses responsabilités. Or il y a plus grave que les failles institutionnelles, ce sont leurs conséquences : l'UE a perdu en capacité d'innovation et en compétitivité. En vingt ans, un terrible décrochage technologique, économique et militaire avec les États-Unis s'est produit[10]. Les Européens, qui avaient un niveau de vie à peu près équivalent à celui des Américains au début du siècle, se sont considérablement appauvris. Ils se sont laissé distancer dans la compétition mondiale. Dépourvue d'autonomie stratégique, l'UE n'aurait pas non plus les moyens de se défendre seule en cas d'agression. Et aujourd'hui, la priorité des priorités serait d'intégrer une dizaine de nouveaux pays ?

En l'état, le projet d'élargissement à trente-cinq ou trente-six n'est pas raisonnable, même avec les acrobaties intellectuelles auxquelles certains se livrent, qui risquent surtout d'avoir pour effet d'embrouiller les esprits.

L'illusion de la découpe

Considérant que l'élargissement à venir est à la fois « nécessaire et impossible[11] » ou que l'UE semble « aussi incapable de contourner [le défi] que de le relever[12] », des *think tanks* et des personnalités politiques échafaudent des plans pour… résoudre la quadrature du cercle. L'idée principale consiste toujours plus ou moins à « adoucir la transition entre membres et non-membres » ou à prévoir une adhésion « par étapes ». Les nouveaux pays seraient dedans, mais un peu dehors. Des gouvernements y réfléchissent aussi : le président portugais conçoit l'UE élargie comme une construction où, au-delà d'un socle commun (les valeurs et le marché, grosso modo), l'adhésion – ou le maintien dans l'UE pour les membres actuels qui ne s'y sentent plus à l'aise – pourrait être plus ou moins poussée[13].

Ces propositions me paraissent empreintes de contradictions, puisque l'impératif d'élargissement est en général justifié par une idée d'addition (« l'union fait la force ») pour aboutir finalement à des… soustractions. On ajoute, on enlève… Le risque, à force de jouer ainsi aux Lego, c'est que personne ne comprenne plus rien et que la solidarité s'effiloche. Quand Jean-Louis Bourlanges fait à l'Assemblée nationale un rapport qui propose un processus assez complexe en trois phases[14], l'exercice est intellectuellement brillant, mais vu le nombre d'États concernés et les différents stades de négociation possibles, il est à craindre que plus personne ne s'y retrouve. En démocratie, la simplicité compte, le bon sens aussi. C'est en tout cas l'une des leçons que je retiens du débat référendaire raté de 2005 et, plus généralement, de huit années d'expérience comme députée européenne.

En outre, ces tentatives minimisent la vertu de l'effort. Une adhésion atténuée ne peut pas arrimer un pays à l'UE comme une appartenance pleine et entière. Autant rêver d'être « un peu » enceinte !

Ces idées sont dangereuses parce qu'elles reviennent à brader l'appartenance à l'UE. Des périodes transitoires peuvent bien sûr être imaginées afin de donner au processus un peu de flexibilité ; des dérogations ont été accordées par le passé à certains États (sur l'euro, la défense, l'espace Schengen par exemple), mais ces situations restaient marginales. C'était l'exception, pas la règle ; elles concernaient par exemple, pour la défense, des pays neutres, peu peuplés. Ou le Royaume-Uni, que cela n'a pas suffi à garder dans l'UE. Jusqu'à nouvel ordre, l'appartenance à l'UE forme un tout indivisible, et c'est bien ainsi ; pour les pères fondateurs et jusqu'au traité de Lisbonne, l'engagement était même irréversible.

Lors du Brexit, la première sortie d'un État membre de l'Union – qui est une sorte d'élargissement à l'envers, si j'ose dire –, une approche rigoureuse a été définie, à juste titre : l'État de droit ne se brade pas, le marché unique ne se picore pas. Dans l'UE, la Cour de justice a le dernier mot. On ne saucissonne pas l'Europe. Soit on en fait partie, avec tous les droits et les devoirs qui s'y attachent, soit on reste un partenaire externe, ce qui n'a d'ailleurs rien d'humiliant. Ce point aussi mérite d'être rappelé. La Suisse, la Norvège ne sont pas membres de l'Union ; le Royaume-Uni en est sorti. Nous ne pouvons pas prétendre que la stabilité ne peut découler que d'une extension de l'UE. Que dirons-nous demain aux pays du Maghreb ou du Levant ? Que notre conscience aiguë des enjeux géopolitiques s'arrête aux frontières géographiques du continent européen ? Que nous n'avons, dans le fond, aucune solution pour organiser un voisinage constructif ?

L'idée de répondre à la dilution liée à l'afflux de nouveaux membres par une Europe « à plusieurs vitesses » n'est pas nouvelle. En 1994, deux députés issus de l'Union chrétienne-démocrate d'Allemagne, Karl Lamers et Wolfgang Schäuble, ont fait des propositions brillantes que la France n'a malheureusement pas prises en considération. Elles avaient le mérite de reposer sur un engagement sans faille de l'avant-garde, censée entraîner les autres. La logique était différente d'une adhésion au rabais. Pour les auteurs, avec lequel je m'en suis souvent entretenue, la France et l'Allemagne étaient « le noyau du noyau » de tout projet autour de l'Union européenne. Mais ce centre est-il aujourd'hui aussi uni qu'il le souhaitait ? Tous deux étaient des Européens très engagés, et des artisans infatigables de la relation franco-allemande. Il nous ont quittés récemment, comme d'autres de cette génération. Faute de relève et d'une nouvelle impulsion, le risque existe que le socle commun soit réduit au marché et, plus encore, que l'UE ne devienne qu'une organisation intergouvernementale de plus, avec l'inefficacité qu'on imagine.

L'entrée dans l'UE, si l'on est sérieux, exige en effet des pays candidats, des efforts considérables, durables, qu'il est irresponsable de minimiser.

Les efforts nécessaires de la part des candidats

C'est bien parce que l'UE est une union de valeurs, fondée sur une Charte des droits fondamentaux et des traités, c'est bien parce qu'elle a mis en place un marché régulé pour les personnes, les biens, les services et les capitaux, qu'elle a un impact tangible. Voilà ce qui la distingue de tant d'organisations internationales où la coopération se borne à des discussions sans portée contraignante. D'où l'importance qu'un pays rejoignant l'UE ait – et conserve – des institutions démocratiques, une justice indépendante, une économie régulée, des garde-fous contre la corruption. La solidité de chacun des membres est indispensable au bon fonctionnement du tout.

Loin d'être une forme de pinaillage bureaucratique, ces exigences sont une garantie pour les citoyens attachés à des valeurs fondamentales, comme pour les consommateurs sensibles au respect de normes sanitaires ou environnementales sérieuses. C'est aussi une précaution bénéficiant aux nouveaux membres eux-mêmes dont les entreprises doivent résister à la pression concurrentielle. Les expériences précédentes nous ont appris que, malgré les précautions et les périodes transitoires, le chemin n'est pas toujours pavé de roses. En effet, les entreprises occidentales pénètrent aisément les marchés des nouveaux arrivants. Une partie des jeunes éduqués est attirée vers le reste de l'Union par des opportunités et des salaires supérieurs[15]. Ces mouvements de populations invitent à se poser des questions. En ouvrant l'UE à de nouveaux membres, les Européens sont-ils aussi généreux qu'ils le prétendent ou veulent-ils aussi gagner des marchés et attirer de la main-d'œuvre ? La deuxième option n'est pas illégitime dans un espace de libre circulation, mais encore faut-il qu'elle soit admise ouvertement.

Du côté des candidats, l'aspiration à rejoindre l'UE est forte, personne ne peut le nier. Si le processus n'aboutissait pas, le risque de les décevoir serait grand, comme cela s'est produit avec la Turquie. Mais nous savons que, vue de loin, l'UE peut être idéalisée. Comme en amour, le désir porte vers ce qu'on ne possède pas ; une fois dans la maisonnée, la cohabitation est parfois moins excitante que prévu. Cette fois-ci, nous devrions, en plus, nous poser des questions inédites : comment réagiront des populations qui ont récemment défendu leur pays au prix du sang ou enduré des années de guerre ? Auront-elles la volonté, après avoir subi l'URSS pendant des décennies, puis la cruauté de l'agression armée, de jouer un jeu supranational ? Trouveront-elles vraiment dans l'UE un baume pour leurs souffrances et une perspective apaisante, ou risquent-elles au contraire, à un moment donné, de rechigner ? Ces questions sont peu évoquées alors même que nous avons l'expérience de réactions négatives antérieures. Une fois membres de l'UE, certains gouvernements ont invoqué le rejet du « joug de Moscou » pour refuser « celui de Bruxelles ». C'est un argument fallacieux dans la mesure où l'adhésion à l'UE est volontaire, donne voix au chapitre et – comme le départ du Royaume-Uni l'a prouvé – est même réversible. Il n'empêche que ce réflexe revient souvent[16].

Enfin, depuis des années, les pays des Balkans, comme la Turquie, sont pour certains engagés dans le processus d'adhésion, sans succès. Comment sortir de l'ornière ? Ce n'est pas clair. Le risque existe que, par lassitude, les compromis se fassent finalement au rabais. En début de parcours, il est facile de créer l'espoir, de se donner le beau rôle, en jouant des « effets d'annonce ».

Qui, parmi les dirigeants en place en aujourd'hui, auteurs de promesses intenables, sera encore au pouvoir quand il faudra en assumer les conséquences ?

Le risque est d'autant plus grand que la plupart des questions fondamentales demeurent éludées.

Des questions fondamentales éludées

La déclaration Schuman de 1950 débutait par des termes qui conservent toute leur pertinence : « La paix mondiale ne saurait être sauvegardée sans des efforts créateurs à la mesure des dangers qui la menacent. » La création de la Communauté européenne du charbon et de l'acier fut une innovation révolutionnaire et concrète à la fois puisqu'elle consistait à partager avec l'Allemagne ainsi que l'Italie et le Benelux les matières premières nécessaires à la guerre. Si les raisons avancées pour élargir encore l'Union européenne, notamment le maintien de la paix en Europe, sont respectables, où est la part de créativité ?

La leçon que je retiens de *L'Étrange Défaite*[1] de Marc Bloch, l'historien qui a médité sur les raisons du désastre de 1940, c'est que face à de nouvelles menaces, les raisonnements d'hier ne sont plus valables, et qu'il est dangereux de nier ses propres faiblesses. Les dirigeants des années 1930 ont sous-estimé les moyens et la détermination de l'Allemagne nazie, tout en surévaluant leur propre capacité de réaction. Aujourd'hui, je crains que les partisans de l'élargissement ne sous-estiment nos lacunes face à l'agressivité russe. Et ce n'est pas la dilution du principe actif de l'UE, cette forme d'homéopathie politique, qui est le remède le plus adapté à des temps si troublés.

Avant de s'engager dans une telle aventure, des questions fondamentales ne peuvent plus être éludées : comment l'UE, qui n'est pas un État, peut-elle survivre dans un monde d'États ? Comment éviter de céder à la raison d'État et comment acquérir la force sans renoncer au droit ? Et où commence, pour les Européens, le monde extérieur ?

Survivre dans un monde d'États

Le monde actuel est fait d'États. Cela n'a pas toujours été le cas, et peut-être cette organisation ne durera-t-elle pas, mais tel est l'univers dans lequel nous évoluons. Les États sont dotés de prérogatives régaliennes et exercent – en théorie, du moins[2] – leur autorité sur une population et un territoire. L'UE, quant à elle, a été conçue comme quelque chose de différent, d'original. Elle n'a pas la cohésion d'un État, ni les moyens, puisque les instruments qui, dans les États, forment une seule et même boîte à outils ont été dissociés. La politique commerciale extérieure, la monnaie, la politique de concurrence sont des compétences exclusives de l'Union, mais la diplomatie, la défense, la police aux frontières, la politique économique restent de responsabilité nationale. Et pas grand-chose n'a été entrepris pour encourager un sentiment d'appartenance puisque l'éducation comme les échanges restent le parent pauvre de la construction européenne.

Or nous n'assumons qu'à moitié le choix volontaire de ne pas construire un État. Il est fréquent que dans un même discours, des responsables écartent avec force – voire ridiculisent – l'idée des « États-Unis d'Europe », tout en louant la puissance des États-Unis avec lesquels ils ne cessent de se mesurer. Ainsi, nous nous plaçons nous-mêmes en porte-à-faux, l'efficacité de l'UE étant comparée à celle d'États puissants, bien organisés, alors même que par exemple, la Banque centrale européenne n'est pas dans la situation de la Federal Reserve des États-Unis, banque centrale d'un État fédéral doté d'une politique économique unique et d'un budget significatif.

En outre, le monde d'États tend à devenir moins coopératif. Depuis quelques années, le retour du nationalisme s'observe partout, des États-Unis à la Chine en passant par la Russie ou la Turquie. De plus en plus, l'intérêt national est apprécié à courte vue. Parfois, il se double d'une dimension identitaire, ethnique ou religieuse qui exacerbe les conflits. Dans ce monde-là, l'UE, fondée sur le refus du nationalisme et sur l'idée d'un intérêt commun qui transcende les nations, est doublement frappée : à l'intérieur, où le retour du sentiment national mine l'édifice commun, en sanctifiant un fonctionnement toujours plus intergouvernemental ; à l'extérieur, car il la rend plus vulnérable encore face à des puissances qui s'affirment.

Dans un monde d'États aussi nationalistes, que peut faire une entité qui n'en est pas un ? S'épuiser à rivaliser avec eux, sans jouer à armes égales ? Continuer à se hisser sur la pointe des pieds pour regarder la « cour des grands », en regrettant de ne pas être prise au sérieux ? Au moment où nos compétiteurs – pour de bonnes ou de mauvaises raisons – serrent les rangs, les dirigeants européens prennent le chemin inverse. Ce choix opéré sans inventaire, sans débat, sans plan précis condamne l'UE à demeurer inaboutie, mi-chèvre, mi-chou. Que faut-il de plus qu'une guerre en Europe, des tensions internationales aiguës et l'épuisement des ressources de la planète pour que la question soit ouvertement posée ?

Au risque de mettre les pieds dans le plat, je voudrais demander : est-ce sérieux ? Je crains que malgré l'abus de l'adjectif *géopolitique*, ce ne soit en réalité la voie de l'*Europe-impuissance* qui ait été choisie, au risque de refuser aux Européens le degré de protection auquel ils aspirent.

En termes plus sophistiqués : la finalité de l'UE est-elle de rester une créature indéterminée, subissant des élargissements à répétition, incertaine de ses contours et de sa nature ? Ou bien devrait-elle devenir un jour une entité plus cohérente et identifiée, qu'on l'appelle « États-Unis d'Europe », comme le proposait Jean Monnet, ou autre chose ? À ce jour, nos dirigeants prétendent donner naissance à un acteur international respecté, mais en réalité, l'« UE XXL » n'est qu'une chimère, un monstre fabuleux qui n'impressionnera aucun des grands États prédateurs qui parsèment le monde. Un proverbe italien me paraît bien décrire le risque

que nous avons ainsi choisi de courir : « *Chi pecora si fa, il lupo se la mangia* » (Le loup dévore celui qui se fait brebis).

Marqué par la peur et les tabous, le débat politique européen manque de hauteur de vue. C'est affligeant. Le camp pro-européen a perdu toute audace. Depuis des décennies désormais, les partis modérés – ou ce qu'il en reste – font un service minimum sur l'Europe. Devant les nationalistes qui, faisant main basse sur l'amour de la patrie, s'autoproclament les seuls défenseurs de l'intérêt national, les pro-Européens sont tétanisés. Pourtant, dans un monde constitué d'États puissants, comptant des centaines de millions d'habitants – pour certains dépourvus de scrupules –, il n'est pas si difficile d'expliquer les avantages d'un changement d'échelle. D'une certaine manière, c'est ce que l'élargissement propose, mais hélas, sans s'en donner les moyens.

Peut-être le débat est-il confisqué parce que les gouvernants et responsables nationaux seraient ceux qui auraient le plus à y perdre. Ainsi, une poignée d'hommes et de femmes politiques, de diplomates et d'autres fonctionnaires nationaux, désireux de conserver leurs prérogatives, empêchent un débat vital. Mais que pèsent ces batailles de pouvoirs face aux menaces qui sont déjà sur nous ? À eux seuls, le changement climatique et la dégradation de la nature justifieraient de repenser entièrement l'organisation internationale. La juxtaposition d'États souverains, arc-boutés sur leurs privilèges et sur les ressources que le hasard des découpages territoriaux leur a attribuées, est assurément l'une des raisons du drame écologique qui se joue sous nos yeux. Et la solution serait celle du repli national ?

Le Brexit a déjà montré l'inanité de la prétention à « reprendre le contrôle » au niveau national. Les Britanniques n'en sont pas sortis renforcés – et encore, il s'agit du Royaume-Uni, fort de son Commonwealth et de son immense histoire. Les Européens ont la chance d'avoir l'UE. Ils auraient tout à gagner à la consolider. Pour l'instant, ils la traitent comme une cabane dont ils repoussent régulièrement les murs de branches pour faire de la place à de nouveaux occupants. Il est temps de bâtir en dur, pour les temps difficiles.

La plupart des responsables admettent en général qu'*à terme*, l'UE devra se transformer sur un mode fédéral et, *à terme*, revoir son organisation, ses modes de décision, son budget et améliorer sa légitimation. *À terme*, ils le répètent tous, je les entends déjà depuis plus de trente ans, sans jamais parvenir à s'y résoudre.

En attendant, chacun se bat pour conserver ses prérogatives, « sa » chaise au FMI, « son » fauteuil au Conseil de sécurité de l'ONU, « ses » ambassades bilatérales, « ses » superviseurs financiers, « ses » autorités de régulation, « ses » guérites, « ses » boutons de guêtre, « ses » petites habitudes. Ils disent vouloir « tenir leur rang », mais ils ne font que s'accrocher à leur siège.

« Durer, faire durer, éviter que les questions ne se posent ; quand elles se posent, éviter qu'on ne les résolve, opposer une alternance habile de refus catégoriques et de refus déguisés, reculer pied à pied avec le plus de lenteur possible, comme un médecin défend un malade que son pronostic condamne : voilà, il faut bien l'avouer, le fond et l'âme de la politique française. » Cette citation de… 1934 est terrible[3]. Elle renvoie au contexte de démission des leaders que dénonçait justement Marc Bloch.

Sans clarification sur ce que l'UE entend devenir, non seulement la prétention géopolitique pourrait bien n'être qu'une illusion, surtout à trente-cinq ou trente-six pays, mais encore, l'absence de garde-fous démocratiques pourrait être dangereuse. Le paradoxe serait que l'UE refuse d'être un État mais finisse par céder à une « raison d'État » dont on ne saurait même pas qui la définit, ni sur quoi elle repose.

Céder à la raison d'État ?

Thérèse Delpech écrivait en 2005 dans *L'Ensauvagement* : « L'idée que les actes de quelques hommes peuvent avoir des conséquences comparables aux catastrophes naturelles et aux grandes épidémies pour des millions d'autres hommes n'est plus comprise comme elle l'a été et devrait toujours l'être[4]. » Dans son excellent livre de géopolitique *Les Ambitions inavouées,* Thomas Gomart lui fait écho, imputant également l'échec des optimistes « à la croyance, largement répandue, selon laquelle les aspirations des sociétés doivent toujours l'emporter sur les ambitions des États ». Et l'auteur d'ajouter que « les États ont le cuir tanné par leurs épreuves historiques. Entre guerre et paix, la politique internationale reste leur apanage, un domaine où les choix de quelques-uns décident du sort de millions d'autres[5] ». Il insiste aussi sur le fait que la dissimulation et le double jeu font partie de la panoplie diplomatique, comme les actions secrètes des services d'espionnage et des forces spéciales appartiennent à l'arsenal de défense.

Qui parle de jouer un rôle « géopolitique » et de servir de rempart face à la Russie finira par s'aventurer sur ces terrains glissants. Comme mère, j'ai toujours été choquée que la sacralisation de la souveraineté nationale conduise à tolérer chez des dirigeants des pulsions que la plupart des parents réprouvent chez leurs enfants et qui, d'ailleurs, ne mènent pas loin : l'égoïsme le plus décomplexé (« *America first* », « préférence nationale »), la brutalité (« lignes rouges », apologie du « coup de poing sur la table »), voire le mépris de la parole donnée (« chaise vide », violation des règles). Avec des arguments comme la « raison d'État », les plus conservateurs, d'ordinaire partisans de l'ordre, finissent par prôner la permissivité qu'ils récusent en matière éducative. Choix politiques et choix de civilisation sont pourtant liés.

Qui seraient donc, dans l'« UE XXL », ces « quelques hommes » décidant pour nous ? Notre système démocratique est-il assez solide pour encadrer leur action et éviter que l'UE se retrouve dans la situation paradoxale de ne pas vouloir être un État, mais d'en prendre les pires défauts et dérives ?

Pour Montesquieu, « tout homme qui détient du pouvoir est porté à en abuser ; il va jusqu'à ce qu'il trouve des limites[6] ». Or s'il est, dans l'UE, un organe qui ne rencontre aucune limite, c'est bien le Conseil européen. Censé – en vertu des traités – donner des impulsions stratégiques sans entrer dans la gestion courante[7], il est pourtant devenu, au fil des crises (financière, sanitaire et maintenant géopolitique), la cabine de pilotage de l'UE. C'est le lieu où se prennent les décisions fondamentales, où se négocie le budget, où se dénouent les blocages législatifs. Comme il est composé des plus grands leaders européens, il est presque sacrilège de dénoncer la faille démocratique qu'il constitue au sein de l'UE. Aussi ce problème majeur est-il rarement évoqué.

Curieusement, le Conseil européen exerce à la fois un pouvoir hyper-concentré et fragmenté puisqu'il est partagé entre vingt-sept gouvernements ; ce serait plus encore le cas, à l'avenir, avec l'élargissement annoncé. Pour chaque Premier ministre ou président qui y siège, il s'agit-là d'une mission intermittente, leur tâche principale consistant à gouverner leur propre pays. Cet organe ne reçoit jamais de mandat politique lors d'une élection, puisque ses membres sont renouvelés séparément, au fur et à mesure des échéances électorales dans leur État d'origine. C'est pourquoi le Conseil européen est bigarré ; il peut compter des représentants de toutes tendances politiques formant une sorte de coalition forcée, parfois hétéroclite.

Collectivement, il ne rend de comptes à personne. Naturellement, chacun des chefs d'État ou de gouvernement agit conformément aux procédures constitutionnelles en vigueur dans son pays[8], où il est pleinement légitime, mais en tant qu'organe collectif, le Conseil européen n'est contrôlé par personne. Le Parlement européen n'a aucune influence sur sa désignation ; il ne peut pas le renverser (contrairement à la Commission, souvent vue – à tort, à mon sens – comme la source de ce que certains appellent le « déficit démocratique de l'UE »). Le président permanent du Conseil européen vient bien s'exprimer devant le Parlement européen, mais cela reste sans incidence sur son action.

En droit, le Conseil européen est ainsi littéralement irresponsable. Il peut n'en faire qu'à sa tête, comme quand il a pris la décision d'élargir l'UE en 2004 à la Turquie, ou aujourd'hui, à près de dix pays. L'*accountability*, pour employer un mot anglais qui n'a pas d'équivalent en français – c'est-à-dire l'obligation pour les dirigeants élus de rendre des comptes à ceux qui les ont choisis et de se soumettre éventuellement à une censure les forçant à quitter le pouvoir –, cette pierre angulaire de la démocratie parlementaire, fait défaut. L'organisation de l'Union n'obéit pas aux règles de séparation et d'équilibre des pouvoirs inventées par les Lumières. L'UE n'est pas non plus dotée d'un régime présidentiel. Le Conseil européen est une sorte de président de la République française à vingt-sept têtes, non élu.

À la faille institutionnelle ouverte depuis que cet organe est entré au nombre des institutions de l'UE (en 2009) s'ajoute la pratique : les chefs d'État et de gouvernement ne cherchent guère à former ensemble une *institution de l'UE*, au sens des traités. Chacun étant élu dans son pays, il ou elle aura tendance à lui donner la priorité (par exemple, Angela Merkel, tout en ayant bien sûr en tête la pérennité de l'euro, se souciait plus de l'avis des Allemands que de celui des Grecs dans le règlement de la crise de la dette souveraine). D'où cette impression d'une sorte de congrès de Vienne intermittent, plus ennuyeux à vrai dire (sans Talleyrand, ni les bals) ; un archaïsme par rapport à l'invention de l'*Europe communautaire*, fondée, depuis 1950, sur la recherche d'un intérêt commun.

Certaines pratiques pourraient être modifiées : l'unanimité, les sessions à huis clos, la théâtralisation des négociations qui se prolongent tard dans la nuit pour montrer combien la bataille (contre les partenaires...) a été rude. Surtout, la communication du Conseil européen est organisée de manière stupéfiante. En effet, ce n'est pas son président permanent qui vient devant la presse donner la position commune, mais chaque dirigeant national qui se retire dans une salle différente pour s'adresser aux journalistes de son pays, dans sa langue, en donnant sa propre version des discussions.

Aucun gouvernement national, aucun conseil d'administration d'une entreprise, aucun organe dirigeant d'une collectivité locale n'a jamais permis une destruction aussi systématique de sa propre collégialité. Quand les nationalistes vantent les vertus de l'« Europe des nations », je dirais que nous en faisons déjà l'expérience et qu'elle n'est guère concluante. Et c'est ce « modèle » de gouvernance que nos dirigeants entendent proposer aux pays candidats, en insistant – ironie de l'histoire – sur les efforts qu'ils doivent faire pour se hisser à notre niveau de démocratie ? Si ce n'était pas désolant, ce serait cocasse.

Le problème est profond. Il tient à ce que l'UE n'a pas de pouvoir exécutif identifié, légitimé pour agir au niveau européen. Je crains que cette lacune ne rende vaine toute prétention géopolitique, toute idée d'action résolue en matière de diplomatie et de défense. Qui confierait le commandement de l'armée française à une conférence des présidents de région décidant à l'unanimité ? Comment imaginer que l'UE élargie, forte de trente-cinq ou trente-six États membres, prétende résister à Vladimir Poutine en étant dirigée ainsi ? Au sens que la physique donne à ce terme, le Conseil européen est un « trou noir » qui concentre une telle masse (de pouvoir) en un centre invisible, opaque, qu'il pourrait finir par s'effondrer sur lui-même, entraînant l'UE dans sa chute.

Or le Conseil (au niveau ministériel) s'est emparé désormais de sujets délicats. La livraison d'armes à l'Ukraine donne une illustration de la rapidité des évolutions, et des risques que comportent des procédures de décision ne sont ni claires ni suffisamment encadrées.

Il ne fait aucun doute que l'Ukraine mérite notre soutien. Mais pour distribuer l'aide européenne, le choix a été fait de recourir à des moyens nationaux, en partie mutualisés dans un fonds créé en 2021, la Facilité européenne pour la paix, hors budget de l'UE. Dans l'urgence, les États de l'UE ont adapté cet outil en accordant des rallonges (son plafond actuel a été porté à 12 milliards d'euros alors que les montants disponibles étaient initialement de 500 millions). Un article très intéressant du *Financial Times*[9] donnait déjà, après un an de guerre, une liste de 325 tanks, 200 systèmes de lancement de roquettes, 1 000 drones, 800 missiles et 36 hélicoptères d'attaque qui avaient pu être fournis. Il est rassurant qu'après une agression aussi ignoble, l'UE ait su faire preuve d'une telle réactivité. Mais dans la durée, cette solution est-elle appropriée ?

Il s'agit d'un fonds abondé par les budgets nationaux, en marge des traités qui – faut-il le rappeler ? – excluent l'usage de fonds européens à des fins militaires[10]. Cette juxtaposition de moyens nationaux pose d'abord la question de la transparence de la décision. Les conclusions du Conseil européen y font allusion rapidement, mais en dehors de cercles spécialisés, qui en a entendu parler ? En outre, qui le contrôle ? En matière de défense, le rôle du Parlement européen est réduit à celui d'une sous-commission aux pouvoirs limités. Une décision du Conseil fixe en détail le cadre dans lequel le fonds peut être utilisé et les contrôles exercés. Mais devrions-nous être rassurés parce que le Conseil contrôle ce que fait le Conseil ? De nombreuses questions restent sans réponse : *quid* si l'unité des Vingt-Sept se fissure, ou si certains fonds sont détournés ou même mal employés, ou si les Russes mettent la main sur une partie des armes ? Avec une présidence tournante du Conseil qui change tous les six mois, qui endosserait, le cas échéant, la responsabilité d'une erreur ou d'un scandale ? La défense est un sujet sérieux qui appelle des responsabilités claires. Or, des articles de presse ont d'ores et déjà évoqué des divergences entre États membres sur ce que ce fonds peut financer et le fait que certains pays auraient profité de cette occasion pour « recycler » leur armement ancien et financer des achats de matériel neuf pour eux-mêmes[11]. Aide à l'Ukraine ou effet d'aubaine ?

Le fait qu'un fonds comportant dans son nom les termes « facilité pour la paix » soit durablement utilisé pour le financement d'armes livrées à un pays en guerre me paraît quelque peu gênant. Les textes prévoient, certes, qu'il a été créé « pour prévenir les conflits, maintenir la paix et renforcer la sécurité internationale », ce qui, dans le cas de l'Ukraine peut être soutenu ; mais le détournement du nom aurait plu à George Orwell…

Devons-nous nous contenter de ce « provisoire qui dure » ou réfléchir plus avant, afin d'être en mesure d'atteindre nos objectifs sans dérapage ? Certains me reprocheront d'exagérer ou de m'affoler en vain. Le XXe siècle nous a pourtant appris que la « raison d'État » peut aboutir à justifier des décisions qui étaient inimaginables la veille. Des millions de jeunes Européens sont morts dans des tranchées de la guerre de 14-18 après que les opinions ont été abusées sur la durée du conflit et la qualité des équipements. La raison d'État commence toujours par le manque de transparence et de contrôle. Comme l'a écrit Robert Badinter dans l'avant-propos du *Grand Turc et la République de Venise*, « on répétait jadis que la mobilisation n'était pas la guerre. On avait la mobilisation, puis la guerre[12] ».

En tant que femme, je souhaiterais une réflexion plus poussée, publique, sur ce qui est en train de se passer en Europe et qu'on peut résumer ainsi : la transformation d'une communauté créée pour la paix en un acteur impliqué de manière indirecte mais durable dans un conflit armé, et prétendant jouer un rôle géopolitique, sans être doté d'un pouvoir exécutif responsable devant une assemblée choisie par les citoyens, ni élu par eux.

L'action dite « européenne » n'est en réalité, lorsqu'on gratte un peu, que la juxtaposition de moyens nationaux, alloués de manière réversible, mal contrôlés. Qu'est-ce que cela donnerait à trente-cinq ou trente-six ? En démocratie, un débat s'impose, ouvert à toute la population, c'est-à-dire en donnant aussi une voix à celles qui mettent au monde des enfants qu'elles n'ont aucune envie de voir finir en chair à canon.

Ce débat devrait porter sur ce que le Conseil européen décide mais aussi sur ce qu'il ne décide pas. Pourquoi, dans un contexte aussi grave, n'a-t-on vu aucune initiative cherchant à remettre à plat la défense européenne ? L'article 42.2 du traité sur l'Union européenne mérite d'être cité *in extenso* : « La politique de sécurité et de défense commune inclut la définition progressive d'une politique de défense commune. Elle conduira à une défense commune dès lors que le Conseil européen, statuant à l'unanimité, en aura décidé ainsi. »

Malgré la clarté de cet article, malgré la gravité inouïe de la situation, les dirigeants n'ont pas cru devoir jeter les bases d'une défense *européenne* digne de ce nom, ni même ouvrir un chantier étalé dans le temps. La coordination des moyens nationaux est une feuille de vigne. Ils pourraient fort bien se retrouver bientôt tout nus, notamment en cas de retrait américain. Certes, des progrès ont été accomplis dans la coordination des moyens nationaux : des équipements sont commandés en commun, des recherches sont de plus en plus financées par des fonds européens, mais rien n'a été entrepris pour aller plus loin, comme les dirigeants de l'époque ont su le faire après la chute du mur de Berlin, en accélérant la naissance de l'euro. Le chancelier allemand Olaf Scholz a parlé de « changement d'époque » pour justifier le réarmement de la Bundeswehr, ce qui est un pas important vu les réticences antérieures de l'Allemagne. En juin 2022, le président de la République française a appelé de ses vœux le passage à « une économie de guerre ». Ce sont des termes très forts ; une initiative conjointe n'aurait-elle pas plus de sens ?

Avec l'élargissement, doit être posée la question de la raison d'être de l'UE, du champ des pouvoirs du Conseil européen, de la transparence mais aussi du bien-fondé des décisions des vingt-sept dirigeants nationaux.

Lors des prochaines élections européennes, les partis politiques essaieront, comme d'habitude, de réduire le débat à des querelles nationales, car tel est leur intérêt ; les nationalistes ont tout à gagner à continuer à faire croire que l'enjeu est de sanctionner le gouvernement, sans devoir affronter un débat de fond. Certains pro-Européens croient s'en tirer en demandant un chèque en blanc contre les nationalistes, comme si la question se résumait à être pour ou contre l'Europe. Aux citoyens de ne pas se laisser faire. Nous devons au contraire obtenir une discussion projet contre projet. Que signifie une Union « plus géopolitique » ? Qui décide, déjà, des achats d'armes pour l'Ukraine, les paie, les contrôle ? Qui juge que le moment est venu – ou pas – d'organiser une défense européenne ?

Tout débat peut être dilatoire ; il peut aussi être risqué, j'en ai conscience, mais son absence serait suicidaire. La mise en œuvre des principes démocratiques n'est pas une faiblesse, c'est notre force. Et la transparence permettrait peut-être de faire apparaître qu'une partie des citoyens voudraient des réponses plus audacieuses, comme le montrent les Eurobaromètres, comme l'avait montré la conférence sur l'avenir de l'UE organisée à l'initiative de la France.

Accepter que quelques-uns décident, en catimini, sans rendre des comptes ne me paraît pas en accord avec les changements profonds intervenus en Europe depuis 1950 : l'État de droit, le principe de respect de la dignité humaine, le consentement à l'impôt qui finance les dépenses civiles et militaires.

C'est d'autant plus important que la guerre en Europe risque de remettre subrepticement en question l'un des choix les plus fondamentaux de la Communauté européenne : privilégier le droit contre la force.

Acquérir la force sans renoncer au droit

La raison d'être, l'alpha et l'oméga de la construction européenne, née de Verdun et de la Shoah, c'est de privilégier le droit sur la force. Nous pouvons en être fiers. L'agression russe rappelle l'importance du droit international. C'est lui qui affirme l'intégrité territoriale des États ainsi que le libre choix des alliances, déclare illégale la guerre d'agression et punit les crimes de guerre et contre l'humanité. Prendre le parti du droit évite de finir par trouver des excuses au comportement d'un Vladimir Poutine, comme font ceux qui soutiennent que « dans le fond, la Crimée a toujours été russe » ou que la « neutralisation » de l'Ukraine ou encore sa « finlandisation » seraient des solutions. L'entrée récente de la Finlande dans l'OTAN relativise d'ailleurs ces plaidoyers. Dans le conflit entre Israël et la Palestine, un respect plus scrupuleux, au bénéfice de toutes les parties, du droit international, et notamment des résolutions des Nations unies, aurait sans doute permis d'éviter la tragédie actuelle.

En 2002, le politologue américain Robert Kagan[13] opposait les Européens, héritiers de Kant et de son rêve de paix perpétuelle, aux Américains partisans de l'usage de la force militaire, inspirés par Hobbes. Sa conclusion était un brin condescendante : « Les Américains viennent de Mars, les Européens de Vénus. » Nous ne devrions pas rougir d'être « du côté de Vénus ». Se battre pour le respect du droit n'est pas une marque de faiblesse, c'est un progrès de la civilisation. Si les plus forts ne retiennent pas leur bras, la coexistence pacifique est impossible. L'agression de l'Ukraine invite à mesurer les dangers auxquels nous sommes confrontés, à mieux nous équiper, à nous préparer, le cas échéant, à utiliser la force. Ceci posé, si l'UE devait devenir une entité comme une autre, aussi prompte à prendre les armes, elle n'aurait rien retenu de l'histoire du XXe siècle, elle se renierait. Ce sont le droit et la justice qui permettent la paix durable, pas la guerre, et encore moins le cycle infernal de la vengeance.

Naturellement, l'objectif des Européens reste à ce stade d'améliorer leur capacité de *défense*, sans aucune ambition offensive ; même s'ils revendiquent une approche plus « géopolitique », la puissance n'est pas présentée comme une fin en soi. Cependant, même si les ambitions de l'UE sont purement défensives, la guerre ruse avec les hommes. Elle dure toujours plus longtemps, elle est toujours plus sanglante que les dirigeants ne le disent au départ. L'invasion de l'Ukraine comme le conflit israëlo-palestinien le démontrent une fois de plus, hélas. Et à la guerre, la mort appelle la mort. Qu'un camarade tombe et même le combattant le plus pacifiste, enrôlé contre son gré, trouve dans le drame vécu une raison de combattre. Plus le sang est versé, plus la haine se nourrit d'elle-même. Comme l'a écrit Jean Giraudoux, la guerre est laide comme « un cul de singe[14] ».

Et même pour se défendre, une forte cohésion est nécessaire. L'exemple de la Suisse le montre depuis longtemps. Comment un ensemble humain comme l'UE, dont la raison d'être est le rejet de la guerre et du nationalisme, peut-il se transformer en une entité plus compacte, plus combative ? Dans un espace qui s'élargit sans cesse, d'où peuvent venir la cohésion mentale, la force morale que cet effort exige ? Qui travaille à construire le patriotisme européen dont nous aurions besoin ? Je ne crois pas que les dirigeants nationaux et ceux qui, à la Commission européenne, sont d'ardents partisans de l'« élargissement XXL » se posent les questions dérangeantes, incontournables qu'appelle une politique de sécurité : serions-nous prêts à nous battre pour l'Europe, à mourir les uns pour les autres ? Les traités européens comportent déjà une clause d'assistance mutuelle (art. 42.7). Je ne crois pas qu'elle soit prise suffisamment au sérieux par ceux qui prétendent élargir l'UE.

Si la discussion n'était pas escamotée, une autre dimension apparaîtrait, essentielle, elle aussi, dans une démocratie. Même défensif, un appareil militaire exige un effort financier considérable. Quelques ordres de grandeur, sans entrer dans le détail[15] : le budget de défense américain dépasse aujourd'hui les 800 milliards de dollars par an ; la Chine consacre (officiellement) à ses armées environ le tiers de ce que dépensent les Américains, soit entre 200 et 300 milliards, avec une croissance phénoménale de ses budgets militaires, notamment depuis l'arrivée au pouvoir de Xi Jinping en 2013. Au total, les pays de l'UE financent les armées à hauteur d'environ 250 milliards d'euros, mais l'addition de moyens séparés doit être faite avec précaution[16].

L'élargissement étant justifié par des considérations de sécurité, jusqu'où faudrait-il aller dans l'augmentation des budgets militaires ? À partir de quand les budgets civils en subiraient-ils le contrecoup ? Dans l'UE à ce jour, c'est la politique agricole qui représente de premier poste de dépenses. Il est illusoire de laisser entendre que nous pourrions porter l'UE à trente-cinq ou trente-six membres pour endiguer sérieusement la Russie sans couper dans d'autres dépenses, ni allonger le temps de travail. Les États membres sont, pour certains, très endettés. C'est notamment le cas de la France. Financer l'effort de défense à crédit peut créer des situations de vulnérabilité. D'ores et déjà, des analyses montrent comment certains États créanciers[17], notamment la Chine, usent de leur pouvoir sur les débiteurs à des fins stratégiques.

Enfin, le risque géopolitique n'est pas le seul que nous devons affronter dans les années à venir. La hausse des températures en cours comme les atteintes à la nature mesurées par les scientifiques pourraient à elles seules justifier une « mobilisation générale » en raison de la gravité de la situation. La dégradation de l'environnement est aussi potentiellement porteuse de conflits autour des rendements agricoles ou de l'eau potable par exemple. Si un sujet mérite, au sens littéral du terme, de déclencher l'« état d'urgence », c'est bien celui-là. Nous atteignons aujourd'hui plusieurs des « limites planétaires », selon l'expression du scientifique suédois Johan Rockström. L'humanité dans son ensemble vit au-dessus de ses moyens. Même si cela peut paraître déplacé aujourd'hui, nul ne peut exclure qu'un jour, il ne faille en venir, pour des motifs écologiques, à des injonctions aussi impérieuses que celles qui, par le passé, arrachaient des hommes à leur foyer, à leurs usines ou à leurs champs pour les jeter en uniforme sur des champs de bataille.

Le 24 août 2022, dans son discours de rentrée, le président de la République française a mentionné « la fin de l'abondance et de l'insouciance ». Ses propos ont suscité de vives critiques, notamment pour leur caractère jugé « punitif ». Il était pourtant infiniment plus « punitif » d'être envoyé au front sur le Chemin des Dames que d'être incité aujourd'hui à prendre son vélo, à se passer de

SUV ou à manger moins de viande... Si nous faisons l'autruche, la détérioration du climat et la dégradation de la planète seront sûrement plus « punitives » que nous ne le croyons. Imagine-t-on d'ailleurs quelqu'un, en mai 1940, reprocher à Churchill de déclarer aux Britanniques, face à Hitler : « Je n'ai à offrir que du sang, du labeur, des larmes et de la sueur » ? Sa franchise a au contraire galvanisé le peuple anglais. Qui galvanise les Européens ? Qui parle, de manière convaincante, de leur destin commun ?

Faute de mobilisation exceptionnelle, je crains que nous ne sachions pas gérer simultanément l'élargissement de l'Union européenne, un effort militaire accru et l'indispensable transition écologique, tout en restant fidèles à nos valeurs, en premier lieu la primauté du droit sur la force. Nous les avons héritées de générations qui avaient de bonnes raisons de se méfier des délires nationalistes et des vertiges de la puissance. Il serait temps de présenter l'élargissement à venir pour ce qu'il est : un défi majeur, exigeant des sacrifices d'autant plus difficiles à justifier qu'il brouille la perception des contours de l'UE.

Où commence, pour les Européens, le monde extérieur ?

Pour un Français ou un Allemand, où finit l'« intérieur » et où commence l'« extérieur » ? La perception de la « frontière », est-ce le Rhin qui marque les limites du territoire national, ou Lampedusa et la mer d'Irlande ? Déjà à vingt-sept, le sentiment d'appartenance à l'Union européenne reste assez flou, insuffisant pour le projet de devenir un acteur géopolitique majeur. Et demain, il faudrait aller de l'Atlantique à l'Irak ?

L'attachement à un groupe ne se décrète pas dans le huis-clos du Conseil européen, à coups de notes diplomatiques. L'unification des pays européens nous enseigne en revanche qu'il peut se construire, patiemment, avec des acquis tangibles et des symboles. Mais ce travail, je le crains, n'est pas fait.

Même si les Européens ont en commun des valeurs qui les distinguent du reste du monde (par exemple l'abolition de la peine de mort, la non-discrimination des femmes et des homosexuels) ou un mode de vie spécifique (une sécurité sociale solidaire par exemple), nombre d'entre eux ne réalisent pas ce qu'ils ont en partage, surtout s'ils n'ont pas la chance de voyager en dehors de l'Union.

Des efforts ont été faits pour leur faciliter la vie quotidienne. Par exemple, les frais de change ont été éliminés grâce à la création de l'euro, comme le coût du *roaming* téléphonique ou des virements bancaires intra-européens. Ces progrès ne sont pas négligeables, mais ils ne suffisent pas à eux seuls à forger un attachement. Peu d'Européens sont vraiment mobiles. Déménager dans un autre État membre, pour y vivre ou pour y travailler, reste compliqué et coûteux, sans que ces aspects du marché intérieur n'aient jamais passionné les dirigeants. Quand verrons-nous un contrat de travail européen unique, une caisse de retraite qui ne pénalise pas les travailleurs mobiles, un régime fiscal adapté ? La paperasse reste un ennemi intérieur ; la fragmentation de l'espace commun, une réalité.

Le programme Erasmus est souvent cité ; il ne faut pas oublier que les gouvernements n'en voulaient pas à l'origine. Alors députée européenne, je me rappelle les batailles pour éviter que les crédits affectés aux échanges soient rabotés. Et quand bien même nous formons une minorité d'étudiants dans de magnifiques cursus paneuropéens, c'est pour leur intimer, une fois entrés dans la vie professionnelle, de choisir un pays, de cotiser dans un seul système de retraite.

À cause des retards mis à gérer la question migratoire, nous envoyons de nouveau des soldats veiller sur des frontières intérieures, en principe abolies depuis les accords de Schengen. De suspension provisoire en suspension provisoire, au gré des attentats, des épidémies, des contrôles des flux de migrants, l'unité territoriale de l'UE est d'ores et déjà en péril. Les épisodes récurrents de tensions entre la France et l'Italie montrent que, même entre pays fondateurs, proches, la confiance reste à consolider. Et le moment serait venu de faire un nouveau saut dans l'inconnu, de rendre l'UE encore moins familière ?

Certaines décisions de nature à encourager la distinction entre le « dedans » et le « dehors » ne sont pas prises, bien qu'elles ne dépendent que de nous. Par exemple, dans la plupart des États membres, dont la France, les questions européennes restent encore et toujours rattachées au ministère des Affaires *étrangères*. Comment un sentiment d'appartenance, un patriotisme européen pourrait-il se développer si le reste de l'UE est encore et toujours perçu et traité par l'appareil d'État comme « l'étranger » ? Nous entretenons encore, les uns chez les autres, des ambassades au sens de la convention de Vienne sur les relations diplomatiques[18]. À force de ne pas faire de différences entre le dedans (Rome ou Berlin par exemple) et le dehors (Yaoundé ou Tegucigalpa), faut-il s'étonner que les Européens peinent à se sentir… européens ?

Bien sûr, les gouvernements ont besoin de suivre ce qui se passe dans les autres pays membres de l'UE, mais d'autres formes d'organisation de ce suivi seraient imaginables, conformes à l'existence d'une monnaie unique, d'un marché unique et d'une citoyenneté européenne. Nous élisons des députés qui, dans un même parlement, font à Strasbourg des lois ensemble, nous partageons un ordre de droit unique, mais nous continuons à échanger des ambassadeurs comme François Ier avec la Sublime Porte ? Je suis désolée de faire ce constat, mais si les citoyens ne comprennent plus où va l'UE, où elle commence, où elle finit, ils ont quelques excuses. Loin de dérouler un plan cohérent, progressif, de rapprochement, les gouvernements envoient des messages contradictoires.

Non seulement la persistance de représentations nationales dans l'UE brouille le message sur ce qu'est le « dedans », mais l'UE n'a pas de représentation unique dans le monde extérieur (où devrait commencer le « dehors »). Depuis le traité de Maastricht, signé voilà plus de trente ans, les progrès ont été si limités que l'objectif alors affirmé d'une politique étrangère et de sécurité *commune* est resté un mirage. L'UE à vingt-sept peine déjà à exister. Le réseau des ambassades de l'UE s'est superposé à celui des États membres, dans un millefeuille coûteux et peu efficace. On a empilé la diplomatie européenne et la diplomatie nationale, en comptant sur la « coordination » pour aplanir des différences tout en entretenant des débats nationaux cloisonnés, en rejetant des listes transnationales pour l'élection européenne – bref, en soignant les différences. Pour défendre l'Ukraine, la convergence s'est faite ; sur Israël-Palestine, l'ampleur des différences s'est révélée en quelques heures. Et ce serait plus facile à trente-cinq ou trente-six ?

En France, début 2023, les États généraux de la diplomatie ont conclu au besoin de « réarmer la diplomatie[19] » française, endossé par le président Macron. Cette *préférence nationale* – je ne vois pas d'autre mot – surprend au moment où ce dernier défend par ailleurs avec ardeur le concept de « souveraineté européenne ». Dans ses vœux pour 2024, il a aussi évoqué le besoin de « réarmer la souveraineté européenne ». La combinaison des deux messages illustre à merveille l'ambiguïté de la République française, depuis des décennies, sur l'Europe.

Des questions pratiques négligées

La première touche au calendrier : jusqu'à présent, les processus d'adhésion ont été lents et laborieux, les candidats devant adopter et mettre en œuvre de nombreuses réformes, avant de rejoindre l'UE.

En soi, la durée n'est pas choquante si elle sert à consolider le processus, mais la méthode est-elle adaptée si l'enjeu est de soutenir aujourd'hui le moral des Ukrainiens en guerre ? Le président du Conseil européen Charles Michel a parlé d'aboutir en 2030 ; au regard des usages, l'échéance est très proche et objectivement peu réaliste ; elle risque pourtant de paraître très lointaine à ceux qui sont attaqués ou menacés dans leur chair.

Ce petit livre ne prétend pas calculer les coûts qu'un élargissement de cette envergure entraînerait, ni détailler les réformes à mener pour permettre l'arrivée de tant de pays supplémentaires, si tant est qu'elles soient faisables ; mais l'ampleur du chantier ne fait aucun doute. Des évaluations commencent à être entreprises. Il est très frappant que le moindre projet législatif européen soit précédé d'une étude d'impact mais qu'une décision aussi fondamentale, consistant à accueillir une dizaine de nouveaux États membres, puisse en être dispensée. Un long article du *Financial Times* intitulé « Les conséquences monumentales de l'adhésion de l'Ukraine à l'UE[1] », par exemple, en donne une idée[2].

Qui paiera, et pour quoi faire ensemble ?

Le budget représente un premier défi à la fois en raison des sommes à mobiliser et des procédures inabouties de l'UE. À ce jour, l'UE n'est en effet toujours pas financée par un budget adopté par le Parlement européen, doté de ressources européennes (les droits de douane aux frontières extérieures, par exemple, sont devenus minoritaires). Les recettes sont essentiellement des contributions nationales négociées par les seuls gouvernements, pour sept ans, à l'unanimité, derrière les portes closes du Conseil européen. Calculées sur la richesse de chaque pays, celles-ci aboutissent en réalité à… minimiser les bénéfices du marché unique[3]. Chaque gouvernement soupèse ce qu'il verse et reçoit, en oubliant au passage de valoriser ces bagatelles que l'Europe nous apporte : la paix et la stabilité, mais aussi les flux de revenus liés au tourisme ou aux échanges commerciaux. C'est absurde.

Les États tiennent serrés les cordons de la bourse puisqu'ils se disputent âprement pour des sommes de l'ordre de… 1 % de la richesse collective. L'euro est toujours dépourvu d'un budget propre, pourtant indispensable à « une zone monétaire optimale », comme disent les économistes. Cet inachèvement a aggravé la crise financière. Il nuit aussi aux ambitions européennes sur le plan géopolitique : pas de bras (armé)… pas de chocolat, si j'ose dire.

Le raisonnement fait par le journal britannique est révélateur, car il évoque toujours des pays « contributeurs nets » et des « bénéficiaires nets » alors qu'à trente-cinq ou trente-six, un autre système de financement serait à l'évidence indispensable. Prétendre jouer un rôle dans le monde en se contentant d'un budget aussi faible, archaïque et inéquitable n'est pas sérieux, surtout quand la transition climatique suppose de son côté des investissements considérables. Les gouvernements, prompts à s'engager dans la voie de l'élargissement, sont-ils prêts à doter l'UE d'un budget adéquat, fondé sur des ressources propres, répondant aux exigences démocratiques d'un débat public et comportant, par souci d'équité, une dose accrue de convergence fiscale ? Nul ne le dit.

Le plan de relance pour l'Europe[4] adopté après le Covid a permis des transferts solidaires, c'est son aspect positif mais il comporte aussi des non-dits gênants : de tels transferts sans convergence fiscale préalable ne sont pas forcément équitables. Et pourquoi avoir donné des sommes importantes aux États séparément, plutôt que d'avoir encouragé des investissements paneuropéens (un réseau ferré transeuropéen, des labos de recherche transfrontaliers par exemple) ?

Enfin, le financement de l'Union repose, depuis les origines, sur des équilibres subtils : les principaux contributeurs ont en principe, dans le processus de décision, un poids plus lourd que les pays aidés. Ces derniers reçoivent des fonds, mais les premiers possèdent des économies tirant profit de l'ouverture des nouveaux marchés ou de la construction d'infrastructures. Et ont plus de voix dans la décision. Je ne vois pas comment le pays disposant du plus grand nombre de voix au Conseil et du plus de parlementaires européens pourrait être à l'avenir la Turquie. Quant à l'Ukraine, elle connaîtra sûrement un décalage entre son poids politique, sa population et sa capacité contributive amoindrie par les destructions. Une fois entrée dans l'UE, ce décalage ne serait pas facile à gérer.

Faut-il rappeler que si l'Ukraine n'a pas fait partie de la vague d'élargissements de 2004-2007, c'est que le Conseil européen – emmené notamment par Jacques Chirac et Gerhard Schröder – avait donné alors la priorité à la Turquie ? À l'époque, l'importance du vote turc en Allemagne avait joué dans les préférences du chancelier et du commissaire chargé de l'élargissement, l'allemand Günter Verheugen, à moins que la proximité personnelle de Schröder avec Poutine n'ait eu sa part dans le cours des choses. Certains y verront un motif de plus pour réparer cette erreur, mais le retard a un coût que la poursuite de la guerre, avec ses destructions, ne cesse d'accroître. À la chute du communisme, la Pologne et l'Ukraine avaient des niveaux de richesse assez proches[5]. En 2021, l'écart s'était considérablement creusé en faveur de la Pologne, dont le PIB atteint 679 milliards de dollars contre 200 milliards pour l'Ukraine ; ce décollage s'explique par les mérites des Polonais mais aussi par le transfert massif de fonds européens (politique agricole commune [PAC], fonds de cohésion, etc.) et l'effet du marché unique, qui a permis aux entreprises de l'Est de travailler notamment pour l'industrie allemande.

L'UE repose sur des politiques communes. À ce jour, la première d'entre elles, par les montants engagés, est la PAC : pourra-t-elle survivre à l'entrée dans l'UE d'un pays agricole de la taille de l'Ukraine ? C'est peu probable, ce qui laisse augurer des négociations dures. Déjà les autorités polonaises, pourtant si engagées auprès de Kiev depuis le début du conflit, ont contesté l'importation de blé en provenance du pays agressé. Les agriculteurs de toute l'UE, y compris en France, risquent d'être moins sensibles aux avantages géopolitiques qu'ils ne seront inquiets pour leurs revenus. Quelques quotas de viande de bœuf dans l'accord commercial avec le Canada signé en 2016 ont suscité de telles réactions négatives que j'ai des doutes. À ce moment-là, la géopolitique, la solidarité francophone, l'amour du Québec n'avaient pas pesé lourd. Pour ma part, je serais extrêmement heureuse que l'élargissement soit l'occasion de réformer la PAC afin de la rendre plus égalitaire et moins productiviste. Le changement climatique le requiert, bien davantage encore que l'ouverture à de nouveaux pays, mais en prenons-nous le chemin ?

La deuxième politique européenne, par les montants, est la politique dite « de cohésion », destinée à aider les régions les plus vulnérables. Elle revêt une importance particulière parce qu'elle constitue la contrepartie, pour celles-ci, de l'ouverture de leurs marchés aux entreprises des pays les plus développés. Or tous les candidats de l'Est et des Balkans ont des PIB inférieurs à celui de la Bulgarie, qui est aujourd'hui – de loin – le pays le plus pauvre de l'UE. De même, les différences de niveau de vie peuvent avoir des conséquences sociales : chacun se rappelle la triste controverse autour des « plombiers polonais » ou les abus liés à l'exploitation des chauffeurs routiers roumains sous-payés. Il serait plus honnête de rappeler que le salaire minimal bulgare correspond environ à un septième de celui du Luxembourg (300 euros contre 2 200), environ un cinquième du Smic en France. Et que la Moldavie, pays candidat, partirait de plus bas que la Bulgarie actuelle.

Autre exemple sensible : la libre circulation des personnes, notamment avec les Balkans et plus encore avec la Turquie. Les autorités françaises ont développé ces dernières années des politiques de renvoi en Albanie des demandeurs d'asile venus de ce pays. Est-ce pour leur donner demain la libre circulation ? Combien de Turcs (Kurdes discriminés, intellectuels poursuivis par le président Erdoğan ou travailleurs cherchant une vie meilleure) voudront émigrer en Europe occidentale ? La liberté de mouvement fait partie intégrante du « contrat européen ». Ne pas l'accorder à ces pays reviendrait à créer des citoyens européens de deuxième classe. Chacun sait la sensibilité du sujet. En 2004, Tony Blair, alors Premier ministre à Londres, avait refusé toute période de transition en escomptant des effets positifs d'un afflux de main-d'œuvre venue d'Europe centrale. L'économie britannique dans son ensemble et en particulier les hôpitaux anglais ont effectivement bénéficié de facilités de recrutement, mais dix ans plus tard, ce choix a été largement récupéré par les partisans du Brexit dont une des récriminations principales était l'afflux d'étrangers est-européens.

La libre circulation appelle déjà une intégration plus poussée des services de police et de justice et un contrôle commun de la frontière extérieure (avec l'agence européenne Frontex), afin que délinquants et terroristes n'en soient pas bénéficiaires pour leurs activités criminelles. Guerre, migrations, trafics de drogue, cyberattaques obligent déjà l'UE à accélérer. Sera-t-il facile de se mettre d'accord à trente-six sur des sujets si sensibles ?

Quant à considérer que ces élargissements marquent un progrès de l'UE sur la voie géopolitique, j'ai un doute. À mon sens, cette décision révèle plutôt l'insuffisance de nos politiques antérieures (politiques dites « de voisinage » ou « d'association »), l'absence d'utilisation stratégique du Conseil de l'Europe[6], sans parler de la complaisance envers Poutine, son gaz, ses oligarques au fort pouvoir d'achat. Même après l'invasion de la Crimée et l'assassinat de plusieurs opposants, nous achetions du gaz russe et recevions leurs yachts à Cannes et leurs jets à Courchevel. Chacun se rappelle les manifestations pleines d'espoir, à Kiev, en 2014 et la terrible agression en Crimée et au Donbass, comme les disparitions de Boris Nemtsov ou l'empoisonnement d'Alexeï Navalny, désormais en prison.

Après n'en avoir pas fait assez, voilà que nous prétendons faire beaucoup et peut-être même un peu trop. Qui suivra ? Le Caucase entier, vu les attaques contre l'Arménie ? Qui proposerait, dans un immeuble, de gérer les relations entre copropriétaires en abattant systématiquement les cloisons pour partager le même appartement ? Or c'est exactement ce qui se passe, chacun des nouveaux entrants devenant de surcroît l'avocat de son voisin immédiat.

Enfin, les procédures dont dispose l'UE pour contrôler le respect de l'État de droit[7], une fois un pays entré dans l'Union, ne sont pas satisfaisantes. J'ai rappelé combien l'attitude de la Hongrie de Viktor Orbán, la Slovaquie de Robert Fico ou la Pologne du parti PiS avaient posé des difficultés. Chaque année, la Commission rédige un rapport sur la situation dans l'ensemble de l'UE et dans chaque État membre, en examinant notamment quatre aspects : l'état de la justice nationale, la lutte contre la corruption, le pluralisme et la liberté des médias, le fonctionnement des institutions. Ces rapports donnent lieu à des débats au Conseil et au Parlement européens, tant pour épingler les défaillances que pour valoriser les progrès. En revanche, les mécanismes de sanctions (article 7 du traité sur l'UE) sont difficiles à déclencher. La Commission s'est efforcée de lier le versement d'aides financières au respect des règles communes, mais la mauvaise volonté persistante de certains gouvernements a été plus d'une fois prouvée. Et, sur la Hongrie, elle a fini par céder en partie.

Je serais plus rassurée si la révision de ces articles avait figuré, avec quelques autres demandes précises, au nombre des conditions *préalables* à toute décision d'élargissement. La vigilance sur l'État de droit compte au nombre des préoccupations du Parlement européen quand il appelle à une réforme des traités. Ces exigences accrues devraient du reste concerner tous les pays tant sur le pluralisme des médias, sur l'état des prisons et des centres de rétention notamment, les États membres actuels ont, eux aussi, des progrès à faire.

Qui décidera ?

J'ai déjà mentionné le Conseil européen et la place qu'il a prise dans l'organisation constitutionnelle européenne. Si l'architecture demeurerait inchangée, la permanence de cet organe au centre d'une Union plus large encore représenterait une vraie faille démocratique. Il risquerait fort, en outre, d'être entravé par l'unanimité. Même pour des questions moins stratégiques, la lourdeur des processus, la simple difficulté à connaître tous les partenaires ne devraient pas être sous-estimés. Lorsque j'étais conseillère politique du président Prodi, nous utilisions, pour nos réunions dans l'immeuble du Breydel à Bruxelles, la table historique de la première Commission. Elle était à peine plus grande qu'une table de salle à manger familiale. Entre ce meuble et les installations que j'ai connues ensuite dans l'Europe à vingt-sept ou vingt-huit, il y a un monde. Le dire n'est pas faire preuve de nostalgie (je n'ai jamais connu l'Europe des Six) : c'est une préoccupation de bon sens. Qui trop embrasse, mal étreint.

Au Conseil de l'UE[8] (également appelé « Conseil »), qui partage avec le Parlement européen le pouvoir de faire la loi, les décisions à la majorité qualifiée[9] ont été étendues. La prise de décision n'est pas toujours simple mais la perspective du vote pousse aux concessions. Personne ne peut prendre les autres en otage. Cependant, à ce jour, l'unanimité demeure requise dans nombre de matières importantes pour faire de l'UE un acteur souverain : notamment la diplomatie, la défense ou la procédure budgétaire et la fiscalité. Là encore, l'abandon préalable de l'unanimité aurait dû être négocié avant de s'engager auprès de près de dix États, ou du moins figurer au nombre des conditions préalables à la conclusion des traités d'adhésion.

S'engager à trente-cinq ou trente-six sans remettre à plat le fonctionnement du Conseil européen ni généraliser le vote majoritaire au Conseil est une gageure. En effet, le droit de veto revient à se livrer au moins disant. Quand il s'est agi de négocier les sanctions contre la Russie par exemple, le Premier ministre hongrois Viktor Orbán a pris toute l'UE en otage. Et lors du Conseil des 14 et 15 décembre 2023, il a extorqué 10 milliards pour s'abstenir, comme je l'ai rappelé en introduction.

L'abandon du veto ne suffirait pas à lui seul à régler toutes les difficultés, mais encore faut-il gagner cette bataille qui exige... l'unanimité[10]. Sur ce point, Emmanuel Macron, dans son discours au Parlement européen le 9 mai 2022, comme le chancelier Scholz à Prague le 29 août 2022, se sont dits prêts à avancer, avec d'autres États. Le gouvernement italien participe aussi à un groupe informel sur le sujet. Il faut persévérer, en étant prêt, le cas échéant, à avancer sans ceux qui bloquent ; aussitôt après le discours du président français, treize gouvernements sur vingt-sept ont marqué leur opposition.

D'où la nécessité de privilégier la méthode de réforme des traités consistant à réunir une *Convention* composée de parlementaires nationaux, de parlementaires européens, de commissaires et de représentants des États. Laisser seuls les dirigeants nationaux réunis en conclave ne ferait que perpétuer la situation actuelle qui, encore une fois, n'est pas démocratique. Ce n'est pas seulement une question liée à l'élargissement. Trop longtemps, l'UE a souffert par exemple de l'opposition du Luxembourg ou de l'Irlande à une plus grande transparence fiscale, au préjudice de l'équité et de la lutte contre les fraudes ; des décennies durant, l'unanimité a permis le chantage au rabais budgétaire de Margaret Thatcher et de ses successeurs. À défaut d'accord satisfaisant à vingt sept, certains projets pouraient être lancés par une avant-garde.

La taille des institutions représente aussi un enjeu majeur. Le Kosovo ou la Moldavie auront-ils chacun un commissaire, chacun un juge à la Cour de justice, chacun une place au Conseil des gouverneurs de la zone euro ? À ce jour, tous les pays y tiennent. La seule question qui vaille n'est d'ailleurs pas de savoir si les nouveaux entrants seraient prêts à un tel sacrifice, mais si nous l'accepterions nous-mêmes afin de privilégier une organisation resserrée, valorisant plus la compétence que le passeport. Visons-nous la crédibilité face au reste du monde, ce qui exige agilité, collégialité et indépendance des organes européens ? Ou nous résignons-nous à ce que la Commission devienne un comité bis de représentants des États, l'essentiel étant que chacun soit sur la photo, et tant pis si personne ne nous prend au sérieux ? Je rappelle que tout le monde à beaucoup à y perdre car même si la Commission est décriée, elle joue le rôle indispensable d'arbitre et de gardienne de l'intérêt général ; elle évite notamment aux États de petite taille d'être écrasés par les grands.

Aux États-Unis, l'égalité des États est reconnue au Sénat, pas dans chacune des institutions. Les Américains n'adoptent pas leur budget à l'unanimité des États fédérés. Ils ne prétendent pas jouer un rôle de leader mondial en se laissant arrêter par Rhode Island.

Ayant suivi, pour le président de la Commission Romano Prodi, la Convention européenne censée réformer les traités en 2002-2003, je doute hélas que les raisons de fond l'emportent sur les considérations nationalistes[11]. À la demande de l'Irlande, au cours de la procédure de ratification du traité de Lisbonne, les gouvernements sont revenus sur le principe avisé qui avait été acté, selon lequel à partir de 2014, le nombre de membres de la Commission serait inférieur à un par État. Dans son discours de Prague déjà cité, le chancelier Scholz propose à chacun de conserver

« son » commissaire, mais avec des portefeuilles partagés, l'égalité apparente (un commissaire par État) s'étant traduite par des différences criantes de prérogatives. À la Cour de justice, à la Banque centrale européenne et à la Banque d'investissement aussi, le nombre finira par peser sur la cohérence, la capacité à agir.

Valéry Giscard d'Estaing est l'un des derniers à avoir vivement déploré le glissement qui s'est opéré, au fil de l'arrivée de pays peu peuplés, au détriment des États comptant le plus de population. Il avait raison de prédire que le déséquilibre finirait par nourrir le rejet de l'Europe : la Cour constitutionnelle allemande s'est déjà émue qu'un député européen allemand représente beaucoup moins de citoyens qu'un député d'un « petit » pays. Le chancelier n'a d'ailleurs pas manqué de rappeler, à Prague, que chaque voix doit peser le même poids pour cette élection, alors que c'est quasiment impossible si l'UE accueille encore plusieurs pays peu peuplés comme le chancelier l'a lui-même accepté :

La commission des affaires constitutionnelles du Parlement européen a voté un document ambitieux ; il comporte la plupart des réformes minimales : renoncer au veto, encourager le vote majoritaire, donner au Parlement le droit d'initiative et un pouvoir budgétaire accru, etc. Ce rapport a été adopté par la plénière le 23 novembre 2023.

Malheureusement, en ces matières, le Parlement n'est pas toujours suivi, loin de là. Sa demande de lancer une Convention en vue de modifier les traités est dans les mains des États et pourrait fort bien y rester. Il est vrai que le contexte politique radicalisé ne faciliterait pas la ratification de tout traité ambitieux.

Prévenir la dilution, tel était aussi le sens de la position prise par le Parlement français en 1999, avant l'arrivée des pays d'Europe centrale, dans la loi autorisant la ratification du traité d'Amsterdam qui comportait exceptionnellement un article 2 :

> La République française exprime sa détermination de voir réaliser, au-delà des stipulations du traité d'Amsterdam, des progrès substantiels dans la voie de la réforme des institutions de l'Union européenne, afin de rendre le fonctionnement de l'Union plus efficace et plus démocratique, avant la conclusion des premières négociations d'adhésion[12].

La séquence était claire : réformer d'abord, accueillir les nouveaux membres ensuite. Un quart de siècle plus tard, le législateur français semble avoir perdu la mémoire ; les autorités françaises ont glissé d'une approche consécutive à une simultanéité vague, un « parallélisme », dont la mise en œuvre n'est pas claire. Nul ne peut dire si, à l'occasion de l'arrivée des nouveaux membres, des réformes approfondies de l'UE auront finalement lieu.

Qui représentera l'Union européenne ?

Si la « souveraineté européenne » a un sens, supposé s'exprimer pour l'ensemble de l'UE, qui doit aller en visite à Pékin ou Washington ? Le miroir de l'action extérieure renvoie une image impitoyable des prétentions européennes. À ce jour, les dirigeants nationaux des pays de l'UE défilent en effet dans les capitales du monde, accompagnés de « leurs » chefs d'entreprise. Ainsi nous réussissons le coup double de miner notre influence politique collective tout en niant, devant des tiers, l'unicité du marché intérieur. En vérité, nous facilitons nous-mêmes la tâche des puissances étrangères qui voudraient nous diviser. Si nous ne croyons pas à l'existence de notre « équipe d'Europe », si nous ne défendons pas notre marché, qui y croira ? Faut-il rappeler que Viktor Orbán est allé jusqu'à serrer la main de Vladimir Poutine en octobre 2023 à Pékin ? Même quand la guerre fait rage, l'Europe se ridiculise. Pour reprendre les termes prêtés au satiriste autrichien Karl Kraus, « la situation est désespérée mais elle n'est pas sérieuse ».

À trente-cinq ou trente-six, le défilé serait encore moins crédible.

En avril 2023, à l'occasion de sa visite d'État, le président de la République française a emmené avec lui en Chine Ursula von der Leyen. L'effort était louable, mais une visite d'État obéit à un protocole strict : la présidente de la Commission a donc eu un traitement séparé, une sorte de strapontin. Cet épisode m'a fait penser au malaise ressenti à la lecture du roman de Stefan Zweig *Ivresse de la métamorphose* où une cousine démunie est invitée par de lointains parents plus riches, et finit frustrée par cette expérience. Dans le cas de la visite en Chine, la « cousine » n'était même pas la moins influente des deux visiteurs : le commerce international et la concurrence, deux enjeux majeurs avec la Chine, sont, en vertu des traités signés et ratifiés par les États, deux compétences exclusives de l'UE exercées par la Commission.

Quant au président turc Erdoğan, il lui a suffi d'enlever un siège dans son palais d'Ankara, le 7 avril 2021, pour laisser Ursula von der Leyen debout, semant au passage la zizanie puisque le président du Conseil européen, Charles Michel, était, lui, confortablement assis. Avec un brin de galanterie, ce dernier aurait pu tirer l'UE de ce piège, mais il n'a pas daigné se lever. Cette histoire est symbolique : la Commission elle-même ne se voit pas offrir de fauteuil... dans un pays qui est toujours candidat à l'entrée dans l'UE.

Dans le champ économique et financier, où pourtant la législation est commune et la monnaie unique[13], la dispersion de notre influence n'est pas moins grande. Si l'UE n'est pas toujours, en tant que telle, un acteur respecté, nous ne devons nous en prendre qu'à nous-mêmes. Dans la filière finance du G20, alors que chaque pays du monde a deux représentants autour de la table[14], onze personnes incarnent l'UE[15]. Onze, soit une équipe de football au complet. La qualité des individus n'est pas en cause, mais cette pratique assure-t-elle la meilleure défense de nos intérêts ?

Au détour des réunions, j'ai en outre réalisé que les pays émergents[16] ne font guère de différences entre l'UE et... le Royaume-Uni ou la Suisse. Si on dénombre ces pays dans l'« équipe d'Europe » entendue au sens large, notre continent est donc représenté par quinze délégués, soit une équipe de rugby au complet. C'est beaucoup pour une région pesant désormais moins de 10 % de la population du monde.

Au Fonds monétaire international (FMI), trente ans après le traité de Maastricht, notre monnaie n'a toujours pas de représentation unique. Ce sont les États membres de l'UE qui continuent à siéger, en versant des contributions provenant des budgets nationaux et en se « coordonnant », disent-ils. Sauf que la coordination se heurte aux limites habituelles puisque, par exemple, la France et l'Allemagne ont des visions souvent différentes de l'usage qui peut être fait des « droits de tirage spéciaux », principal outil du FMI, comme nous l'avons encore vu lors de la crise du Covid. En 2010, une nouvelle répartition des droits a été effectuée, mais elle continue à surreprésenter l'Occident, et en particulier les pays européens, dont le poids relatif dans l'économie mondiale décline. Ne voyons-nous pas que nous scions la branche sur laquelle nous sommes assis ? Désormais, l'objectif avoué de la Chine ou du Brésil est de contourner les institutions multilatérales (ONU, accords de Bretton Woods) dans lesquelles nous pratiquons cette terrible courte vue[17].

Nous n'avons même pas de représentation unifiée dans les enceintes adoptant les normes techniques de la finance[18]. Pourtant, dans ces matières, la législation est élaborée en commun à Bruxelles. Là encore, nous perdons une occasion de faire comprendre au monde entier que l'UE est dotée d'un marché unique des services financiers, d'un législateur, d'une souveraineté. Le résultat ? Nos banques sont en train de se faire distancer par leurs concurrentes américaines, particulièrement en matière de banque d'investissement.

Le financement de nos entreprises, déjà pressurées par des fonds de pension étrangers, devient de moins en moins « souverain » sans que personne ne s'en émeuve. Là encore, l'élargissement aux pays considérés n'apportera ni une solution ni un surcroît d'influence dans le champ – pourtant stratégique – de la finance. Ainsi, ce qui est présenté comme une grande vision géopolitique moderne demeure en réalité une approche assez pauvre, pour ne pas dire dépassée.

Tandis que les Américains jouent du dollar comme d'une arme, notre monnaie n'est pas devenue un instrument d'action internationale. L'euro a bien résisté à la crise financière, il représente environ 20 % des réserves des banques centrales, mais nous restons loin derrière les États-Unis. En 2018, nos entreprises et nos banques ont dû se conformer à l'ordre de l'administration Trump de cesser de commercer avec l'Iran alors même que l'UE ne se retirait pas de l'accord contre la prolifération nucléaire, comme le faisaient les États-Unis[19]. À l'époque, nous avons plié contre notre gré, mais là encore, nous ne pouvons nous en prendre qu'à nous-mêmes : la finance reste le parent pauvre de la plupart des réflexions sur la puissance européenne et, depuis la naissance de l'euro, nous avons singulièrement manqué de suite dans les idées[20]. Nous n'arrivons même pas à permettre une meilleure allocation de l'épargne abondante qui existe en Europe, au service des intérêts européens : les projets « d'union bancaire » et « d'union des marchés de capitaux » sont restés inaboutis en raison de réticences nationales ; à trente-cinq ou trente-six avec des pays dont le système bancaire est assez fragile, ferons-nous mieux ?

À cet égard, les actes valent mieux que les discours. Aussi, au lieu de parier sur un élargissement lointain, les Européens pourraient décider de marquer un grand coup en annonçant à l'avance que l'UE enverra, le jour venu, un négociateur unique à la table du règlement de paix sur l'Ukraine. À Vladimir Poutine qui a voulu détruire l'Ukraine aussi bien que l'UE et qui sacralise la nation, nous donnerions ainsi un message clair, coopératif, qui transcende les nations. Le signal envoyé aux citoyens européens serait clair aussi.

À défaut, verrons-nous les Français et les Allemands se battre pour avoir chacun, à titre national, une place à la table des négociations ? Ils chercheront sûrement à y être : les premiers, au nom de leur qualité de membre permanent du Conseil de sécurité des Nations unies ; les seconds, forts de leur puissance économique, précieuse pour la reconstruction. Sans doute, aux côtés de la France et de l'Allemagne, l'UE sera-t-elle admise à la table – au moins la Commission européenne – pour piloter les transferts de fonds de reconstruction. Quant à la Pologne, vu sa position stratégique, la taille de son armée et… sa diaspora aux États-Unis, il serait surprenant qu'elle ne cherche pas à obtenir un strapontin, ce qui rendra furieux les Italiens, les Espagnols, les Néerlandais… Alors, à la face du monde, nous aurons l'air malin. Giorgia Meloni a déjà fait tout un drame de n'avoir pas été invitée à Paris avec Olaf Scholz lors du passage du président Zelensky au printemps 2023. Une bataille entre nous, au moment du règlement de paix, ferait désordre. À moins que… personne ne nous invite. Si nous continuons à œuvrer ardemment en faveur de notre insignifiance, cela finira bien par arriver. Qui peut croire que, dans le cas où Poutine poserait comme condition préalable de ne parler qu'avec l'Ukraine, les États-Unis et la Chine, nous serions forcément associés ? En décembre 2021, le président russe a adressé à Washington deux mémorandums sur la sécurité en Europe dont je recommande la lecture. Nous n'en avons pas été destinataires alors que nous en étions... l'objet. Sa détestation pourrait bien le pousser à nous humilier de cette manière-là. Ce qui n'empêcherait d'ailleurs pas qu'une partie de l'addition de la reconstruction de l'Ukraine (ou de Gaza) *in fine* nous soit vraisemblablement laissée. Le monde entier a trouvé la martingale, mais qu'en est-il de la souveraineté collective des Européens ?

Pour toutes les raisons – fondamentales ou plus pratiques – que je viens d'évoquer, l'argumentaire en faveur de cet élargissement n'est pas convaincant. Si émouvantes que soient les demandes du président Zelensky ou de la présidente moldave, Maia Sandu, si touchantes que soient les manifestations proeuropéennes dans les pays concernés, la mesure du succès de l'« élargissement » sera en dernier ressort la volonté des Européens – issus des pays membres ou des pays candidats – à vivre ensemble.

Les Européens méritent mieux

Nos dirigeants n'entendent-ils pas les demandes des citoyens ? Ne voient-ils pas que les hommes et les femmes d'aujourd'hui, et plus encore ceux qui se sentent méprisés ou négligés, rejettent en bloc ce qui est imposé d'en haut ? Pendant sept ans, j'ai présidé l'intergroupe de lutte contre la pauvreté du Parlement européen ; nous avons travaillé avec les membres du mouvement ATD Quart Monde dont les principes rejoignent les conclusions de la prix Nobel d'économie Esther Duflo[1] : les meilleures politiques sont celles qui sont faites avec ceux auxquels elles sont destinées.

Ces dernières années, l'idéal européen a hélas perdu beaucoup de soutien populaire. Les votes négatifs à des référendums européens mal préparés, comme, plus généralement, les mouvements de contestation (Gilets jaunes, Letzte Generation...) et les soulèvements divers devraient amener nos dirigeants à employer d'autres méthodes pour faire l'Europe.

Or, je l'ai rappelé, les décisions d'élargissement continuent d'être prises par le Conseil européen, les chefs d'État et de gouvernement, réunis derrière des portes closes. Le contrôle démocratique du Parlement européen et des Parlements nationaux intervient à la fin du processus sur des textes à prendre ou à laisser.

Ainsi, les gouvernants présument de l'adhésion des populations plus qu'ils ne se donnent la peine de la construire. Le volet humain est négligé, le besoin d'échanges et de rencontres destinés à créer la confiance mutuelle entre citoyens de l'UE et habitants de pays candidats, sous-estimé. La coopération interculturelle requiert des efforts éducatifs, culturels et de formation linguistique dont on n'a guère vu la trace lors des précédents élargissements. En effet, il n'a même pas été décidé d'offrir l'apprentissage de langues slaves dans quelques lycées ou de renforcer l'enseignement de la langue allemande. Plus l'UE s'est élargie vers l'est, plus l'Éducation nationale a proposé aux collégiens français d'apprendre… l'espagnol. Vision stratégique et coordonnée s'il en est.

Rares sont les dirigeants nationaux et européens qui « mouillent leur chemise » pour l'Europe. Le Brexit en a encore donné un exemple consternant. En 2016, la Commission européenne a décidé de rester en dehors du débat référendaire britannique au motif que « tout ce que dirait Bruxelles risquerait d'être mal interprété[2] ». Les gouvernements ont suivi et se sont lavés les mains, comme Ponce Pilate en son temps. En traitant le sujet comme une affaire intérieure britannique, dirigeants et fonctionnaires ont refusé de prendre le moindre risque pour l'Europe. Jo Cox, députée pro-européenne britannique assassinée pendant la campagne en raison de son engagement, a affronté seule les mensonges des partisans du Brexit. Nous avons été quelques-uns à désobéir et à tenter – en vain – d'apporter la contradiction, mais face aux mensonges éhontés de Nigel Farage et du camp du « *leave* », face à la désinformation à grande échelle de puissances tapies dans l'ombre[3], il aurait fallu des moyens plus puissants. Même si les Britanniques n'ont jamais été des partenaires faciles, nous n'aurions jamais dû nous dérober de la sorte.

Ayant passé beaucoup de temps sur le terrain comme élue européenne et comme responsable associative, je suis certaine que les Européens veulent avoir voix au chapitre ; la Conférence sur l'avenir de l'Europe, une consultation à grande échelle de panels citoyens, organisée en 2021-2022 par les trois institutions (Parlement, Commission, Conseil) l'a rappelé[4]. Il est d'ailleurs surprenant que les dirigeants qui ont lancé ce grand exercice participatif n'hésitent pas à décider du destin des Européens dans leur dos, en lançant sans débat un tel élargissement de l'Union. Comment les citoyens ne perdraient-ils pas confiance ?

Avec la Turquie, les gouvernants ont tenté en vain d'employer l'argument géopolitique. Ils ont – à leur détriment – ignoré les réticences des peuples. Ils ont échoué à convaincre parce qu'ils n'avaient pas de réponse à des questions simples et légitimes : par exemple, pourquoi déplacer la frontière externe de l'Europe aux confins de l'Irak ? Ou que resterait-il des politiques sociales de l'UE ?

Je ne suis pas certaine qu'ils aient, cette fois-ci, des réponses plus articulées à d'autres interrogations légitimes : où serait finalement notre frontière extérieure ? Peut-elle se trouver sur une zone de front (ou au mieux, de cessez-le-feu) avec une puissance nucléaire (fin août 2023, 17 % environ du territoire de l'Ukraine est occupé) ? En Géorgie, l'UE toucherait-elle donc aux confins de l'Azerbaïdjan ? La Turquie va-t-elle vraiment rester au nombre des candidats malgré les nombreuses raisons de mettre fin à des négociations avortées ? Elles ne manquent pourtant pas : le déni persistant du génocide arménien, les dérives autoritaires de son président, la corruption dont les victimes du tremblement de terre ont payé le prix, le retrait du pays de la Convention du Conseil de l'Europe sur la violence domestique envers les femmes ou, plus récemment, ses diatribes en faveur du Hamas. La Serbie, proche de la Russie, ne risque-t-elle pas de se transformer en cheval de Troie ? Et je n'énumère pas les questions liées à l'absence de réformes de l'UE que j'ai longuement évoquées, et sur lesquelles les citoyens eux-aussi voudraient sûrement des réponses.

En vingt ans, une difficulté supplémentaire est apparue : les réseaux sociaux favorisent les mouvements de protestation comme ils encouragent la manipulation. Informer de manière objective, écouter les inquiétudes, créer le consensus sera sans doute encore plus délicat qu'auparavant. Puisqu'il s'agit d'accueillir des pays déjà envahis ou menacés par la Russie, la propagande russe ne nous fera aucun cadeau. Les réseaux sociaux, et plus généralement les espaces numériques, deviennent des théâtres de désinformation ; ce n'est pas en soi une raison de renoncer, mais encore faut-il s'y préparer.

Derrière les discours lyriques prônant l'élargissement « au nom de l'Europe », de ses valeurs et de ses réalisations, se profile, je crains, la désagrégation de l'Europe communautaire conçue comme une communauté chaleureuse d'hommes et de femmes désireux de vivre ensemble. Déjà, la place prise par le marché et les réglementations techniques ont dérouté les citoyens. L'élargissement à trente-six pourrait signer l'arrêt de mort de l'UE telle que ses fondateurs l'avaient imaginée. Il s'agirait moins d'un assassinat, c'est-à-dire d'un crime prémédité, que d'un homicide, ayant « entraîné la mort sans intention de la donner » ou « par négligence », mais le résultat sera le même.

Et même si la désintégration ne devait être que partielle, trois évolutions risquent de se produire dont il faudrait parler aux citoyens français.

Tout d'abord, le centre de gravité de l'UE se déplacera vers l'est, comme le chancelier allemand l'a souligné dans un discours qu'il a tenu à Prague en août 2022. Un simple coup d'œil à une carte de géographie permet de le vérifier. Pour un pays atlantique comme la France, bordant la Méditerranée, ce déplacement n'est pas neutre. Il ne s'agit pas d'avoir la nostalgie de l'Europe des Six, mais de mesurer les conséquences des décisions prises. Quand il était président de la Commission, Romano Prodi avait, de manière constante, le souci de combiner l'élargissement à l'est (aux pays d'Europe centrale et orientale à l'époque déjà) et l'engagement en Méditerranée (par des accords d'association ou la « politique de voisinage »). Manifestement, dans la durée, cet équilibre a été rompu.

Étant donné la proportion de populations issues du Maghreb et du Sahel qui vit en Europe et les flux migratoires actuels, cette région est encore plus cruciale qu'il y a vingt ans. Je souhaite bonne chance aux dirigeants de demain qui devront, tôt ou tard, assumer une décision aboutissant à ce que les Européens consacrent l'essentiel de leur énergie et de leurs ressources à l'Ukraine et aux Balkans occidentaux comme si l'histoire depuis l'Antiquité et les liens humains ne comptaient pas (notamment le sacrifice de tant de soldats venus de l'empire colonial français).

Les pays qui nous ont rejoints depuis 1995 sont géographiquement éloignés de l'Afrique et de la Méditerranée, dépourvus de passé colonial et de mémoire de cette histoire. C'est pourquoi il nous revient à nous Français avec nos partenaires italiens, grecs et espagnols de rappeler la responsabilité pour le sud de l'UE.

En 2008, j'avais exprimé des doutes sur l'Union pour la Méditerranée telle qu'elle était proposée par le président Sarkozy[5] car elle consistait à travailler avec des dirigeants, pour la plupart, autoritaires et corrompus mais le besoin d'équilibre demeure.

En second lieu, l'augmentation du nombre des pays membres dilue le poids de chacun, y compris de la France. Ce sera vrai sur les sujets de fond, en tenant compte de l'influence accrue des États-Unis dans la zone considérée, notamment sur les questions de défense. L'impact se fera aussi sentir sur le fonctionnement quotidien de l'UE, par exemple l'usage des langues dans les institutions européennes. Comme cela s'est déjà produit, l'augmentation du nombre de langues parlées dans l'hémicycle du Parlement européen, lors des sessions officielles, se combinera à l'emploi encore plus généralisé de l'anglais. Or la République française continue d'attaquer la Commission devant la Cour de justice parce qu'elle favorise l'anglais dans les recrutements[6].

Enfin, la symbolique franco-allemande de Strasbourg sera encore relativisée. J'ai vécu, quand j'étais députée, l'effet de l'élargissement sur l'attachement au siège à Strasbourg, à la fois dans les pays plus éloignés du noyau franco-allemand et en Allemagne même. Là encore, au lieu de convaincre les députés du bien-fondé de ce symbole, en emmenant par exemple les nouveaux élus à Verdun ou au camp de concentration du Struthof[7], la République française préfère défendre Strasbourg par des recours en justice. Plus le temps passe, plus la France se raidit sur ce sujet. Bien qu'attachée à la relation franco-allemande et à sa symbolique, Simone Veil était favorable à une implantation durable du Parlement à Bruxelles. C'était une autre époque.

Ces quelques exemples montrent l'ampleur du gouffre que les dirigeants sont en train de creuser avec les populations. Mais pourquoi l'élargissement est-il vu comme aussi incontournable ? Peut-être la réponse se trouve-t-elle, en partie du moins, en dehors de l'UE.

Un choix sous pression ?

Ne nous faisons pas d'illusions. L'entrée de l'Ukraine dans l'OTAN, en plein conflit, étant délicate, l'adhésion à l'UE risque fort d'être vue par un certain nombre de pays de l'OTAN non membres de l'UE (États-Unis, Canada, Royaume-Uni ou Turquie) comme la solution idéale pour arrimer ce pays à l'Ouest. L'adhésion de l'Ukraine à l'UE serait le moyen de stabiliser le continent sans qu'ils aient à en assumer le coût, ni à payer la moindre conséquence sur leur propre politique intérieure.

Un article comme celui publié par l'économiste américain Kenneth Rogoff, « Europe must lead Ukraines's reconstruction[1] », est édifiant. Selon lui, les Européens doivent prendre en charge la responsabilité et le coût de la reconstruction de ce pays puisqu'ils ont « peu contribué à sa défense » et ont même été, clairement, des « passagers clandestins » de la sécurité européenne, et qu'ils ont, par le passé, fait miroiter cette adhésion. L'article du *Financial Times* précité[2] prend aussi position en faveur de l'entrée dans l'UE. Par le passé déjà, de nombreux intellectuels et hommes politiques anglo-saxons appuyaient l'adhésion de la Turquie avec une insistance si touchante qu'elle confinait à la « stipulation pour autrui », comme on dit en droit civil.

Cela dit, pourquoi s'étonner de ces attentes ? Les Américains, présents sur le continent depuis des décennies, dépensent des sommes considérables pour notre sécurité collective. Ils ont au sein de l'Union des relais dont le poids relatif a été renforcé par les élargissements successifs. Depuis 2022, certains États membres comme la Roumanie, la Pologne ou les pays baltes ont été plus clairvoyants que nous la Russie. Ils dépendent énormément des Américains sur le plan militaire. Le président tchèque Petr Pavel est quant à lui un ancien général, ancien président du Comité militaire de l'OTAN. Ces liens reflètent une réalité et seront utilisés par les autorités américaines, sans doute plus encore qu'au moment où elles appuyaient l'admission de la Turquie[3].

Dans un monde marqué par de fortes interdépendances, la politique est souvent tenue de prendre en compte des contraintes ou des injonctions extérieures. L'Europe de la défense se bornant à ce jour à la juxtaposition de moyens nationaux disparates, c'est encore plus vrai. Mais encore faudrait-il éviter de faire passer des processus en partie influencés par nos alliés pour des décisions marquant le triomphe de la souveraineté européenne.

Ursula von der Leyen n'a jamais caché sa proximité avec les États-Unis, conforme à la tradition de son parti, la CDU allemande, qui a toujours lié engagement pro-européen et solidarité atlantique. Si elle partage avec Emmanuel Macron l'objectif de bâtir une Europe « géopolitique », sa vision de l'« autonomie stratégique » diffère vraisemblablement de celle du président français.

Les décisions du Conseil européen tout au long du processus seront donc vraisemblablement prise sous une forte contrainte externe et des interférences marqueront sans doute, dans la durée, le processus de négociation. C'est ce qui me fait craindre que la Commission et les gouvernements puissent, en définitive, ne pas être trop regardants sur les performances des pays candidats comme sur l'état de préparation de l'Union. Le « parallélisme » promis par le Conseil européen des 14 et 15 décembre 2023 souffrira du manque de pression en faveur de la réforme interne.

Certains objecteront que l'Histoire a décidé pour nous ; Ursula von der Leyen utilise souvent l'argument selon lequel l'invasion de l'Ukraine crée une obligation morale. Elle n'a pas tort, mais elle donne ainsi une raison supplémentaire de réclamer un plan d'ensemble, un dialogue avec les citoyens – en un mot, un dessein qui montrerait que nous sommes sérieux. Est-il d'ailleurs si moral de faire des promesses à la légère ? Ou encore, de la part d'alliés qui connaissent bien les failles de la construction européenne, de s'en remettre à ce point à cette planche de salut ?

Les États-Unis ne sont d'ailleurs pas les seuls à y pousser. De son côté, la Grande-Bretagne a toujours été favorable aux élargissements, avec l'espoir plus ou moins avoué de freiner l'intégration politique quand elle était membre de l'UE, comme je l'ai rappelé. Le fait qu'elle l'ait quittée risque de l'inciter plus encore à poursuivre dans cette voie. Enfin, à l'occasion du sommet de l'OTAN à Vilnius en juillet 2023, le président turc a déjà tenté un chantage autour de l'adhésion de la Suède à l'OTAN, promettant de lever son veto si en échange, son pays était admis dans l'UE. Entre-temps, la Turquie semble avoir renoncé à faire usage de cet argument.

Enfin, en vingt ans, la Chine s'est affirmée sur la scène mondiale ; elle dispose de moyens de pression sur la plupart des gouvernements européens et des candidats. En particulier, elle a noué, dans le cadre des coopérations appelées les « routes de la soie », des partenariats avec une quinzaine d'États membres de l'UE même si l'Italie a finalement décidé de s'en retirer. L'Ukraine elle-même entretenait, avant l'invasion, une relation assez étroite avec Pékin qui était son premier partenaire commercial (12 % de ses exportations, 15 % de ses importations)[4]. À ce stade, il est difficile de savoir comment la Chine jouera cette carte, mais il est peu probable qu'elle y renonce.

Au total, c'est paradoxalement au moment où l'Union prend conscience de la nécessité impérieuse d'affirmer sa souveraineté qu'elle s'apprête à se transformer d'une manière qui révèle qu'elle en est en partie dépourvue et qui pourrait aboutir à l'en priver définitivement.

Je ne défends pas une Union immobile, étriquée, nostalgique de ses débuts. En revanche, j'assume de prôner une construction européenne consciente de ce qui fait son originalité, soucieuse de son indépendance, n'ignorant pas non plus ses limites. J'ai tiré des leçons de l'expérience des années 2004-2005, faisant suite à la parution de mon livre *Le Grand Turc et la République de Venise*. Je ne compte plus le nombre de personnes qui, à l'époque, se déclaraient ouvertement partisanes de l'élargissement à la Turquie mais n'étaient pas mécontents que je dénonce tout haut ce qu'elles pensaient tout bas. Les ravages du conformisme ne sont plus à prouver.

Plus encore, je me rappelle un échange avec un responsable de la RAND Corporation, un grand *think tank* américain spécialisé en stratégie à Washington, en 2005, à l'issue d'un panel, dans une conférence, où j'étais la seule à tenir cette ligne. Ce dernier était venu me confier son étonnement : il ne s'expliquait pas la facilité avec laquelle les Européens se pliaient aux injonctions venues de l'extérieur, et notamment des États-Unis, sur un projet européen qui était le leur…

Conclusion

Avec la décision d'élargir l'Union sans fournir de plan préalable, ni construire le soutien des citoyens, les dirigeants européens se sont mis sur une sorte de toboggan. Le freinage est difficile, la course peut fort bien se terminer sur les fesses. Une fois le processus enclenché, la plupart des gouvernements hésiteront à se dédire, et notamment à décevoir les pays candidats – le cas de l'Ukraine, pays martyr, étant plus délicat que nul autre auparavant. La Russie risquant fort de demeurer menaçante dans la durée, ils rechigneront à donner l'impression de se dérober, et la perspective de nouveaux marchés, pour leurs entreprises, fera le reste. En un mot, même si le cadre institutionnel et budgétaire de l'Union européenne à trente-cinq ou trente-six devait être bancal, le plus probable est que les gouvernements s'en accommoderont.

Pour renverser cette tendance, qui est celle de la facilité et que l'on juge à tort inévitable, il faudrait qu'un ou plusieurs États prennent le risque d'arrêter le train en marche. À Bratislava, en mai 2023, le président de la République a laissé entendre qu'il ne jouerait pas ce rôle, longtemps dévolu à la France, laquelle y a d'ailleurs gagné par le passé une réputation de dureté. Il est vrai qu'il y a surtout des coups à prendre. À mon sens, nous avons cependant encore plus à perdre si nous oublions que l'Europe communautaire, celle qui risque de disparaître définitivement, a été inventée en France, par Jean Monnet et Robert Schuman. D'une manière paradoxale, même le général de Gaulle qui l'exécrait l'a défendue, en s'opposant à l'entrée du Royaume-Uni lors de la conférence de presse légendaire du 14 janvier 1963[1].

Si l'élargissement est mené à bien dans les conditions actuelles, de manière subreptice, l'Union sera transformée en une organisation internationale de plus, une union d'États, comme tant d'autres, paralysée par une conception exacerbée de la souveraineté nationale, et dont les citoyens ne se sentent pas partie prenante.

Certains objecteront que, même baroque, inachevée, l'UE avance à sa manière, cahin-caha.

Dans un joli livre où elle compare la construction européenne à l'empire des Habsbourg, la journaliste néerlandaise Caroline de Gruyter[2] plaide, de manière générale, pour une vision plus décontractée. Pour elle, l'extrême diversité de l'UE invite à s'accommoder du morcellement des volontés. La relative confusion qui en résulte en est le reflet mais ne l'empêche pas d'avancer. Si les Français, cartésiens et amateurs de jardins taillés au cordeau, ont du mal à en saisir le charme, les autres peuples ne s'y sentent pas si mal. Caroline de Gruyter a le mérite de faire confiance à l'Europe, et certes, le pire n'est jamais sûr. Mais à mon sens, cette analyse n'en a pas moins des limites : la chute des Habsbourg a entraîné de grandes souffrances. Faut-il rêver pour l'UE le destin d'un « empire défunt » ? Et elle revient à un jeu de dupes au moment où les menaces s'accumulent sur nos têtes, des tensions géopolitiques au dérèglement climatique. « Maintenir l'élan de l'intégration » n'est pas une lubie ; c'est un objectif indispensable pour préserver notre sécurité, nos emplois, notre art de vivre.

Nombreux sont ceux qui reprochent à l'UE sa soi-disant « naïveté » passée, son manque de vision géopolitique. Comme la commissaire Margrethe Vestager l'a fort justement dit[3] : qu'il s'agisse du gaz russe, des produits chinois ou des puces de Taïwan, « nous n'avons pas été naïfs, nous avons été cupides ». Bien à l'abri sous le parapluie militaire américain, nous avons donné la priorité à nos affaires et à la perpétuation d'une protection sociale généreuse, unique au monde. Or aujourd'hui, ce sont souvent les mêmes qui sont bien naïfs quand ils misent sur un élargissement hasardeux, au nom d'une ambition géopolitique qui feint d'ignorer le manque de moyens, les failles institutionnelles de l'UE et l'exigence de définir elle-même ses choix existentiels.

Une Europe faite de peuples qui se connaissent mal et de coopérations faiblardes ne donnera pas aux Européens, la moindre chance de jouer un rôle actif dans un monde dangereux. L'élargissement tel qu'il est envisagé n'est qu'une illusion. Après l'avoir subi, nous subirons plus durablement encore les décisions que d'autres prendront pour nous.

L'enjeu des prochaines élections européennes est là : en tant qu'électeurs, nous devons savoir si les candidats à la députation européenne défendent une Europe qui soit une communauté d'hommes et de femmes capables de prendre leur destin en mains, s'ils sont favorables ou non à la perspective d'adhésion, quels pays celle-ci concerne (la Turquie n'étant pas le moindre) et à quelles conditions. Un chèque en blanc sur ces sujets n'est pas imaginable.

Tout se passe aujourd'hui comme si le désir d'égaler les puissances mondiales conduisait à vouloir nous « étendre », nous « enfler » et nous « travailler ». Chacun connaît la fin de la fable de La Fontaine, « La grenouille qui veut se faire aussi grosse que le bœuf ». La grenouille « enfla si bien qu'elle creva ».

Notes

Introduction, p. 7

1. Voir les rapports du Groupe d'experts intergouvernemental sur l'évolution du climat (GIEC) et ceux de la Plateforme intergouvernementale scientifique et politique sur la biodiversité et les services écosystémiques (IPBES). En raison du format de ce livre, je ne pourrai pas donner aux enjeux de climat et biodiversité la place qu'ils méritent, ni évoquer les changements technologiques, mais tous ces bouleversements ne font que conforter l'analyse générale.

2. Conclusions du Conseil européen sur l'Ukraine, ainsi que sur l'élargissement et les réformes, 14 décembre 2023, § 13.

3. *Ibid.*, § 23 : « Le Conseil européen se penchera sur les réformes internes lors de ses prochaines réunions en vue de l'adoption, d'ici à l'été 2024, de conclusions sur une feuille de route pour les travaux futurs. »

4. « La Commission adopte le paquet élargissement 2023 et un nouveau plan de croissance pour les Balkans occidentaux », communication de la Commission européenne en date du 8 novembre 2023. En ligne : https://france.representation.ec.europa.eu/informations/la-commission-adopte-le-paquet-elargissement-2023-et-un-nouveau-plan-de-croissance-pour-les-balkans-2023-11-08_fr

5. Réunis par Laurence Boone et Anna Lührmann, les secrétaires d'État française et allemande des Affaires européennes, douze experts ont rendu le 18 septembre 2023 un rapport

concluant que « l'UE n'est pas prête à accueillir de nouveaux membres » et appelant à des réformes préalables. Mais il est bien précisé en préambule que le rapport ne reflète pas nécessairement la position officielle des gouvernements français et allemand.

6. Il réunit les chefs d'État (comme en France) ou de gouvernement autour du président permanent de cet organe et de la présidente de la Commission.

7. Conclusions du Conseil sur l'élargissement en date du 12 décembre 2023 : « Le Conseil insiste sur l'importance qu'il y a à faire en sorte que l'UE puisse maintenir et approfondir son propre développement, y compris sa capacité à intégrer de nouveaux membres », mais il ne donne guère de détails sur le moyen d'y parvenir.

8. *Le Grand Turc et la République de Venise*, Paris, Fayard, 2004, avant-propos de Robert Badinter.

9. Conseil des Affaires générales, 12 décembre 2023, conclusions du Conseil sur l'élargissement, point 64.

10. Olivier Noyan, « Adhésion de la Turquie à l'UE : l'Autriche veut mettre fin aux négociations », *Euractiv*, 12 septembre 2023. En ligne : https://www.euractiv.fr/section/elargissement/news/adhesion-de-la-turquie-a-lue-lautriche-veut-mettre-fin-aux-negociations/

11. Voté en séance plénière le 23 novembre 2023.

12. Nissim Gasteli, « En Tunisie, le désespoir des migrants subsahariens expulsés dans le désert », *Le Monde*, 26 juillet 2023. En ligne : https://www.lemonde.fr/afrique/article/2023/07/26/ils-veulent-nous-tuer-en-tunisie-le-desespoir-des-migrants-subsahariens-expulses-dans-le-desert_6183516_3212.html

13. En vertu de l'article 88-5 de la Constitution française, le référendum est requis, sauf décision contraire à la majorité des trois-cinquièmes dans les deux chambres.

14. En exergue des *Mémoires* de Jean Monnet figure la phrase magnifique « Nous unissons des hommes, nous ne coalisons pas des États » (Fayard, 1975).

Un pari risqué, p. 25

1. Article 49 du traité UE ; voir aussi l'article 2, article fondamental qui énumère les principes et les valeurs qui régissent l'UE.

2. Texte intégral : « L'adhésion requiert de la part du pays candidat qu'il ait des institutions stables garantissant la démocratie, l'État de droit, les droits de l'homme, le respect des minorités et leur protection ; l'existence d'une économie de marché viable ainsi que la capacité à faire face aux forces du marché et à la pression concurrentielle à l'intérieur de l'Union. L'adhésion présuppose la capacité du pays candidat à en assumer les obligations et à souscrire aux objectifs de l'union politique, économique et monétaire. »

3. Commission européenne, « La Commission adopte le paquet "élargissement" 2023 », 8 novembre 2023. En ligne : https://luxembourg.representation.ec.europa.eu/actualites-et-evenements/actualites/commission-adopts-2023-enlargement-package-2023-11-08_fr

4. Conclusions du Conseil européen, 23 et 24 juin 2022, § 10. En ligne : https://www.consilium.europa.eu/media/57442/2022-06-2324-euco-conclusions-en.pdf

5. *Ibid.*, § 14.

6. *Une Europe pour tous*, Paris, Odile Jacob, 1997.

7. Organisation for Security and Cooperation in Europe, basée à Vienne, héritière notamment des accords d'Helsinki.

8. Conseil de l'Union européenne, « Infographie – Les exportations de céréales ukrainiennes expliquées ». En ligne : https://www.consilium.europa.eu/fr/infographics/ukrainian-grain-exports-explained/

9. Voir par exemple la manière dont Ursula von der Leyen a fait la promotion de la décision de la Commission européenne, le 8 novembre 2023, en disant, entre autres, « *we all win* ».

10. Voir par exemple Arnaud Leparmentier, « L'écart de PIB est désormais de 80 % entre l'Europe et les États-Unis », *Le Monde*, 5 septembre 2023. En ligne : https://www.lemonde.fr/idees/article/2023/09/05/l-ecart-de-pib-est-desormais-de-80-entre-l-europe-et-les-etats-unis_6187928_3232.html

11. Luuk van Middelaar, *NRC Handelsblatt*, 6 septembre 2023.

12. Jean-Louis Bourlanges, « Élargissement : pourquoi il faut changer de méthode », entretien avec *Telos*, 7 septembre 2023. En ligne : https://www.telos-eu.com/fr/politique-francaise-et-internationale/elargissement-pourquoi-il-faut-changer-de-methode.html

13. « Portugal pitches a big EU house », *Politico Playbook*, 1er novembre 2023.

14. Citation extraite de l'entretien précité de Jean-Louis Bourlanges : « Le rapport suggère à cet effet une adhésion fragmentée passant par trois phases successives : 1/ une adhésion politique aux principes, institutions, et objectifs politiques de Union ; 2/ une mise en œuvre progressive aussi soutenue que possible des politiques et des solidarités de l'Union dans le cadre d'accords spécifiques conclus entre chaque nouveau membre et la Commission ; 3/ au terme d'un processus partagé et contrôlé d'acculturation administrative, d'approfondissement démocratique et d'adaptation institutionnelle, une participation pleine et entière aux institutions politiques, juridictionnelles et administratives de l'Union. »

15. Pour certains pays, un cinquième à un quart de la population est partie.

16. Vytenis Andriukaitis, un commissaire lithuanien, avait répondu à ceux qui jouent avec l'argument : « Je suis né dans un goulag soviétique et ai été emprisonné plusieurs fois par le KGB au cours de ma vie. Je serais heureux de vous expliquer les différences notables qui existent entre l'UE et l'Union soviétique et aussi pourquoi nous avons voulu en sortir. »

Des questions fondamentales éludées, p. 45

1. *L'Étrange Défaite*, Paris, Gallimard, 1990, coll. « Folio histoire ».

2. Le dérèglement climatique comme l'innovation technologique relativisent la portée territoriale des décisions.

3. Emmanuel Berl, *Discours aux Français*, Paris, Gallimard, 1934, p. 37.

4. Thérèse Delpech, *L'Ensauvagement. Le retour de la barbarie au XXI*[e] *siècle*, Paris, Grasset, 2005.

5. Thomas Gomart, *Les Ambitions inavouées. Ce que préparent les grandes puissances*, Paris, Tallandier, 2023, p. 10.

6. *De l'esprit des lois*, livre XI, chap. IV.

7. Article 15.1 du traité sur l'Union européenne : « Le Conseil européen donne à l'Union les impulsions nécessaires à son développement et en définit les orientations et les priorités politiques générales. Il n'exerce pas de fonction législative. »

8. En France, le président n'a pas le droit de se rendre au Parlement, contrairement au chancelier ou à la présidente du Conseil italien qui en ont le devoir avant et après chaque Conseil européen.

9. Henry Foy, « Arming Ukraine: how war forced the EU to rewrite defence policy », *Financial Times*, 27 février 2023. En ligne : https://www.ft.com/content/1b762ff1-2c7f-40a1-aee9-d218c6ef6e37

10. Article 41.2 du traité sur l'Union européenne.

11. Jakob Hanke Vela et Nicolas Camut, « EU allies query Estonia's bumper refund from weapons to Ukraine », *Politico*, 28 mars 2023. En ligne : https://www.politico.eu/article/eu-estonia-bumper-arms-reimbursement-ukraine-european-peace-facility/

12. *Le Grand Turc et la République de Venise*, *op. cit.*

13. Robert Kagan, « Power and weakness », *Policy Review*, 113, juin-juillet 2002.

14. Jean Giraudoux, *La Guerre de Troie n'aura pas lieu*, acte I, scène 2.

15. Voir le site de l'Institut national de recherche sur la paix de Stockholm : www.sipri.org

16. La dernière loi de programmation militaire française prévoit 413 milliards d'euros pour la période à venir ; le chancelier Scholz a annoncé un effort exceptionnel de 100 milliards.

17. Federico Fubini, « Fondo monetario internazionale, lo scontro tra Stati Uniti e Cina per il potere », *Corriere della Sera*, 30 octobre 2023 (traduit par nous) : « Dans la très longue liste du FMI des 70 pays endettés risquant la faillite [...], la Chine est le premier créancier et fait preuve d'une volonté très limitée d'offrir des remises de dettes [...]. Quand elle le fait, elle exige en échange le contrôle d'infrastructures

stratégiques à des conditions privilégiées » ; et l'auteur de citer le cas du Sri Lanka obligé de céder le contrôle d'un port à la Chine.

18. Convention signée à Vienne le 18 avril 1961.

19. Rapport « Les États généraux de la diplomatie » sur le site du ministère de l'Europe et des Affaires étrangères. En ligne : https://www.diplomatie.gouv.fr/fr/le-ministere-et-son-reseau/missions-organisation/les-etats-generaux-de-la-diplomatie/

Des questions pratiques négligées, p. 79

1. Sam Fleming et Henry Foy, « The "monumental consequences" of Ukraine joining the EU », *Financial Times*, 6 août 2023. En ligne : https://www.ft.com/content/744078f2-0895-44d9-96f9-701c13403df0

2. Avec environ 85 millions d'habitants, la Turquie est plus peuplée que l'Allemagne, le plus grand pays de l'UE. En quinze ans environ, sa population a augmenté de près de 15 % (source : touteleurope.eu) car l'âge moyen de sa population est beaucoup plus bas et sa démographie, plus dynamique que celle des pays de l'UE.

3. Les recettes « nationales » englobent ainsi la TVA payée par exemple par des touristes étrangers ou les bénéfices d'entreprises d'un autre pays, installées dans ce dernier grâce au marché intérieur.

4. Plan NextGenerationEU (NGEU).

5. PIB de 66 milliards USD pour la Pologne et de 81 milliards USD pour l'Ukraine (chiffres de la Banque mondiale).

6. Le Conseil de l'Europe est une organisation internationale créée en 1949 qui comporte 46 membres. Elle défend notamment les droits humains.

7. Article 2 du traité UE.

8. Le Conseil est l'organe où sont représentés les États au niveau ministériel.

9. Une décision est adoptée si 72 % des membres du Conseil représentant au moins 65 % de la population des États membres votent pour.

10. Certains évoquent le recours à des clauses des traités permettant d'avancer à quelques-uns (clause passerelle,

coopérations renforcées, coopérations structurées) ; c'est une possibilité, mais il serait hasardeux de fonder une réforme de grande ampleur sur ces seuls mécanismes.

11. La Commission actuelle compte un commissaire à la démographie ou au pluralisme linguistique...

12. Loi n° 99-229 du 23 mars 1999 autorisant la ratification du traité d'Amsterdam modifiant le traité sur l'Union européenne, les traités instituant les Communautés européennes et certains actes connexes.

13. Article 3.4 du traité UE.

14. Le ministre des Finances et le président de la Banque centrale.

15. Les trois ministres d'Allemagne, de France et d'Italie flanqués des trois gouverneurs des Banques centrales des mêmes pays, ainsi que des ministres espagnol et néerlandais ; ils entourent la présidente de la BCE, le commissaire européen et le ministre des Finances du pays exerçant la présidence tournante de l'UE.

16. Le « Sud global », majoritaire au tour de la table, de l'Arabie saoudite à l'Afrique du Sud, en passant par le Mexique ou l'Indonésie et le Brésil, par exemple.

17. Fubini, art. cit. : la Chine compte pour 18 % de l'économie mondiale et détient 6 % des droits ; l'Italie pour 2 % de l'économie mondiale et pèse 3 % dans les décisions ; les États-Unis ont toujours fait en sorte de garder 16,5 % des droits qui représentent à eux seuls une minorité de blocage.

18. Comité de Bâle pour les règles bancaires où plusieurs gouverneurs nationaux de la zone euro flanquent la présidente de la BCE ; IOSCO pour les marchés ; IFRS pour les normes comptables, etc. ; voir aussi Sylvie Goulard, « L'Europe, la puissance et la finance », *Politique étrangère*, 2021/2, p. 177-189.

19. Accord sur le nucléaire iranien du 14 juillet 2015 signé par l'Iran et les membres permanents du Conseil de sécurité (la Chine, les États-Unis, la France, le Royaume-Uni, la Russie), auxquels s'ajoutent l'Allemagne et l'UE. Cet accord vise à permettre à l'Iran de développer du nucléaire civil, en échange de contrôles internationaux prévenant un usage militaire.

20. Rapport sur le rôle de l'Union dans le cadre des institutions et organes internationaux dans le domaine financier, monétaire et règlementaire, P8_TA(2016)0108, Parlement européen, 17 mars 2016, dont j'étais rapporteure. En ligne : https://www.europarl.europa.eu/doceo/document/A-8-2016-0027_FR.html

Les Européens méritent mieux, p. 105

1. *Poor Economics*, 2011.

2. Cécile Ducourtieux et Jean-Pierre Stroobants, « La campagne du Brexit tétanise l'Europe », *Le Monde*, 23 février 2016.

3. À l'occasion de l'enquête sur le vol et la manipulation de données par Cambridge Analytica, destinés à favoriser Donald Trump lors de l'élection de 2016 aux États-Unis, il semble bien que « des donateurs du parti UKIP aient été en contact avec cette société ».

4. Conseil de l'Union européenne, « Conférence sur l'avenir de l'Europe ». En ligne : https://www.consilium.europa.eu/fr/policies/conference-on-the-future-of-europe/

5. Sylvie Goulard, *Il faut cultiver notre jardin européen*, Paris, Seuil, 2008.

6. Elisa Braun et Giorgio Leali, « France sues Commission over primacy of English », *Politico Brussels Playbook*, 31 octobre 2023. En ligne : https://www.politico.eu/article/france-sues-eu-commission-to-court-over-english-hegemony-hiring-process/

7. Proposé en vain à François Hollande en 2014, date du centenaire de la Grande Guerre et début d'une nouvelle mandature au Parlement européen.

Un choix sous pression ?, p. 115

1. Project Syndicate, 7 août 2023.

2. « The "monumental consequences" of Ukraine joining the EU », art. cit.

3. Voir *Le Grand Turc et la République de Venise*, *op. cit.* À l'époque, j'avais eu accès à des lettres adressées par l'administration américaine à des gouvernements de pays membres de l'UE pour les inciter à « bien voter » au Conseil européen.

4. Maksym Skrypchenko, « Ukraine delicate balancing act with China », Carnegie endowment 2023. En ligne : https://carnegieendowment.org/2023/07/20/ukraine-s-delicate-balancing-act-with-china-pub-90237

Conclusion, p. 121

1. Discours au forum Globsec.
2. *Monde d'hier, monde de demain. Un voyage à travers l'empire des Habsbourg et l'Union européenne*, Arles, Actes Sud, 2023.
3. Interview aux *Échos*, 24 mai 2022 : « Je n'ai jamais aimé ce débat sur la naïveté supposée de l'Europe. »

Remerciements

Pour nos échanges informels, je tiens à remercier Friends of Europe, le professeur Frank Baasner du Deutsch-Französisches Institut, Daniela Schwarzer, Laurence Boone, le CAPs et en particulier Manuel Lafont Rapnouil ainsi que l'Institut for European policy making de l'université Boccani.

Merci aussi à Sophie Berlin qui a cru à ce projet et m'a aidée à le mener à bien, à Xavier de Bartillat et son équipe, en particulier Louis Bousquet, qui l'ont rendu possible, ainsi qu'à mes proches.

Les erreurs éventuelles et la responsabilité des thèses avancées sont en revanche entièrement les miennes.

Table